ECKART BÖHMER

Kaspar der Schatzhüter

AF551911

ECKART BÖHMER

Kaspar der Schatzhüter

Kapar Hauser, Platon, Parzival

Vier Vorträge

Schriften aus dem Kaspar Hauser Forschungskreis Band 2
Herausgegeben vom Kaspar Hauser Forschungskreis
im Karl König Institut Berlin
www.kaspar-hauser.net

ISBN 978-3-95779-119-1
Zweite Auflage 2023
© 2020 Info3-Verlagsgesellschaft Brüll & Heisterkamp KG,
Frankfurt am Main, www.info3-verlag.de

Umschlaggestaltung und Satz: Winfried Altmann
Umschlag unter Verwendung einer Aqarellstudie von
Kaspar Hauser, 1831. Privatbesitz Ansbach

Druck und Bindung: Jelgavas Tipogrāfia, Jelgava, Lettland

INHALT

Vorwort 7

Kaspar Hauser und das Höhlengleichnis Platons

Vortrag I 9

Vortrag II 29

Kaspar Hauser und Parzival

Vortrag I 55

Vortrag II 77

Nachklang 101

VORWORT

Über lange Zeiträume sah man in Kaspar Hauser primär einen Verhinderten. Dies war sowohl bedingt durch die Wucht der Verhinderer als auch durch die Größe dessen, was verhindert hat werden können. Doch man würde Kaspar Hauser nicht gerecht werden, so der Blick nur auf das nicht Gewordene fallen würde. Denn das hieße, zu verkennen, was trotz allem durch das «Kind Europas» vollbracht hat werden können. Dieses Vollbrachte aber ist sehr schwer zu ermessen. Es ist ein Mysterium, ein großes! Das Vollbrachte ist nämlich nicht zu finden in einer gewichtigen Neuerung, wie es an sich dem zu Michaeli in Karlsruhe 1812 geborenen Erbprinzen möglich gewesen wäre, sondern dieses Vollbrachte ist zu finden in einem Bewahren, in einem Aufrechterhalten des denkbar Größten. Somit ist Kaspar Hauser als eine Art Schatzhüter, als ein Bewahrer zu erkennen. Und dies auch ist, interessanterweise, die Bedeutung des Namens «Kaspar» in persischer Sprache.

Die beiden großen Vortragsthemen in diesem Buch, Kaspar Hauser im Angesichte des Höhlengleichnisses Platons sowie Kaspar Hauser im Angesichte Parzivals, zeigen anhand zweier ganz unterschiedlicher Betrachtungen dieses Bewahren auf, das Kaspar Hauser vollbringen hat können und das als seine verwirklichte Tat zu sehen ist.

Die ersten beiden Vorträge wurden gehalten am 30. März 2019 in Santa Cruz, Kalifornien, im Rahmen des inzwischen zweiten Kaspar Hauser Festivals an der Westküste Amerikas. Die beiden letzteren Vorträge wurden gehalten am 2. November 2019 in Columbia County, New York, und waren Teil des zweiten Kaspar Hauser Festivals an der Ostküste Amerikas. Die Kulturveranstaltungen wurden organisiert und durchgeführt in einer Zusammenarbeit des Kaspar-Hauser-Forschungskreises mit den jeweils vor Ort gegebenen Camphill-Einrichtungen.

An beiden Orten konnten bei dem Publikum Vorkenntnisse bezüglich der umfangreichen Kaspar Hauser Thematik vorausgesetzt werden sowie auch eine Bekanntschaft mit der anthroposophischen Geisteswissenschaft.

Mein Dank gilt all jenen Menschen, die die Festivals im Namen Kaspar Hausers auf amerikanischem Boden möglich gemacht haben. Ja, das «Kind Europas» ist nicht geografisch gebunden, oder mit anderen Worten: Mitteleuropa liegt heute überall oder auch nirgends!

Der das Buch abschließende vertiefende Gedanke lädt zur meditativen Betrachtung ein: Auf dass Kaspar Hauser weiter in unserem Bewusstsein erkannt sein möge!

Ansbach, November 2019 *Eckart Böhmer*

KASPAR HAUSER und das Höhlengleichnis Platons

Vortrag I

Sehr geehrte Damen und Herren,
liebe Freunde!

Es ist mir eine große Freude und Ehre, an diesem schönen Ort ein weiteres Mal über Kaspar Hauser sprechen zu können! Herzlichen Dank an alle, die diese Tage im Namen Kaspar Hausers möglich gemacht haben. 2016, als ich erstmalig hier an dieser Stelle über das «Kind Europas» referieren durfte, tat ich dies in seiner Sprache, der deutschen. Und Richard Steel war so liebenswert und engagiert, die komplexen Worte konsekutiv ins Englische zu übersetzten. Heute werde ich meine beiden Vorträge in englischer Sprache abhalten, werde dies aber aufgrund der Komplexität des Themas in Form zweier Vorlesungen gestalten müssen, worum ich Sie gerne um Ihr Verständnis bitten möchte!

Der Titel der beiden heutigen Vorträge *Kaspar Hauser und das Höhlengleichnis Platons* lässt erahnen, dass wir tief in die Welt der Philosophie eintauchen werden, der «Liebe zur Weisheit»! Und wenn wir den Namen Platon hören, so hören wir gewissermaßen auch zugleich zwei weitere: den Namen Sokrates einerseits und den Namen Aristoteles andererseits. Und schon haben wir einen mächtigen Dreiklang vorliegen! Was aber ist das für eine Signatur, die sich hier ausspricht? Wessen Sprache vernehmen wir hier? Es ist die Signatur, die Sprache des damaligen Zeitgeistes, die uns hier aus ferner Vergangenheit entgegenhallt, es ist das Wirken *Michaels*, das wir durch die großen Philosophen vernehmen! Und bedenken wir, dass wir Heutigen ja erneut unter seiner Regentschaft stehen, so können wir erleben, wie nah die Zeiten Platons uns sind!

Gleich einem Brückenschlag können wir einen direkten Bogen erleben, der sich über die Weite der Zeiten spannt und das Damalige mit dem Heutigen verbindet.

Wie ist es aber nun zu diesem Vortragstitel gekommen? Die Quelle der Inspiration hierfür liegt bei keinem Geringeren als bei Anselm Ritter von Feuerbach, dem größten Rechtsgelehrten der Goethezeit! Und er ist gleichzeitig gewichtigster Mentor Kaspar Hausers!

Er war 1775 in der Nähe Jenas geboren, im gleichen Jahr also wie ein weiterer der großen Philosophen, Friedrich Wilhelm Joseph Schelling. Und gerne wäre auch er Philosoph geworden, wenn er nicht recht früh seine junge Familie zu ernähren gehabt hätte, sodass seine Berufswahl auf die – von ihm zu Beginn an sich verhasste – Rechtswissenschaft fiel. In jungen Jahren war er befreundet mit Friedrich von Schiller. Später dann, 1813, verfasst er das Bayerische Strafgesetzbuch, das auch für andere Länder entscheidende neue Maßstäbe setzen sollte. Darin hebt er die Folter als legitime Verhörmethode auf. Ein Schritt, den einige Nationen bis heute nicht geschafft haben! Diese Errungenschaft ist Inspirationsquelle gewesen zu dem Theaterstück, das wir heute Abend hier näher kennenlernen werden.[1]

Feuerbach postuliert aber auch einen der wichtigsten Grundpfeiler jeglichen Rechtsstaates, der da heißt: nulla poena sine lege – keine Strafe ohne Gesetz. Das heißt, er bändigt in den bewegten Zeiten des durch Napoleon bestimmten Umbruchs die Willkür der Könige und Herrscher, die sich von nun an dem Gesetz als einer über ihr stehenden Instanz beugen sollten. Ein ungeheuerliches Unterfangen, das die Könige verständlicherweise verärgerte! Denn ihre absolute Souveränität war infrage gestellt! Somit trägt Feuerbach wie kaum ein Zweiter entscheidend zu dem Grundpfeiler einer hohen, zeitadäquaten sozialen Ordnung bei, nämlich der Gleichheit unser aller vor dem Gesetz! Später dann wird er

[1] *Feuerbach oder Beispiel eines Verbrechens an der Bewusstseinsseele des Menschen* in *Kaspar Hauser und die Frage ward Fleisch*, Info3-Verlag, 2016.

zu einem der ersten großen Kriminalpsychologen, der die Psychologie des Verbrechens, die Psychologie des Verbrechers akribisch zu studieren begann.

Ab 1817 wirkt er als Gerichtspräsident in der bayerischen Stadt Ansbach, einer Stadt, die eigentlich viel zu klein für ihn war. Und doch können wir vom heutigen Standpunkt aus fast sagen, dass er dort zu leben hatte, um gewissermaßen auf seine allergrößte Aufgabe, die noch auf ihn zukommen sollte, zu warten: Die Begegnung mit Kaspar Hauser. Und diese Begegnung gipfelt darin, dass er das Kind in seinem *Erbe* erkennt, welches da ist, *werdender König* zu sein. Dies ist die spirituell-poetische Übersetzung der gewöhnlich als Erbprinzentheorie bezeichneten Forschungsarbeit des Rechtsgelehrten. Und diese Arbeit ist es, die ihn im Mai 1833 in den Tod führte. Er selbst war sich ganz sicher, vergiftet worden zu sein, weil er eben zu weit gekommen war in der Erkenntnis um die historische Identität Kaspar Hausers. Er stirbt also im Ringen um die Wahrheit desjenigen, von dem Rudolf Steiner 1908 in einem öffentlichen Vortrag in Nürnberg sagte, dass «eine unbegreifliche, geradezu eingeborene Wahrhaftigkeit in ihm ursprünglich war». Dies rückt Feuerbach, bei allen gegebenen Unterschieden, ganz in die Nähe des großen Lehrers Platons, von dem Rudolf Steiner wiederum sagt: «Sokrates ist eine durch den Tod für die Wahrheit geheiligte Person.»

Knapp eineinhalb Jahre davor, im Januar 1832, veröffentlichte Feuerbach sein großartiges Werk mit dem fast noch großartigeren Titel *Kaspar Hauser oder Beispiel eines Verbrechens am Seelenleben des Menschen.* Darin hält sich der Autor aber fast gänzlich zurück bezüglich einer möglichen Klärung des Verbrechens und beschreibt eher auf phänomenologische Art das Wesen des Kindes, das wie aus dem Nichts 1828 in die Welt getreten war. Im dritten Kapitel mit dem Titel *Ein dunkles, grauenhaftes Rätsel* hebt nun Feuerbach zu jenem Vergleich an, der zum Ausgangspunkt meiner heutigen Betrachtungen wurde. Hören wir also, was der große Jurist schreibt:

Das Befremdende an Kaspar Hauser bei seinem ersten Erscheinen zu Nürnberg gestaltete sich in den nächsten Tagen und Wochen zu einem dunklen, grauenhaften Rätsel, zu dessen Lösung man in mancherlei Vermutungen vergebens den Schlüssel suchte. Nichts weniger als blöd- oder wahnsinnig, dabei so sanft, folgsam und gutartig, dass niemand versucht werden konnte, diesen Fremdling für einen Wilden oder unter den Tieren des Waldes aufgewachsenen Knaben zu halten, zeigte sich an ihm (…) eine so gänzliche Unbekanntschaft mit den gemeinsten Gegenständen und den alltäglichsten Erscheinungen der Natur, solch eine Gleichgültigkeit, solch ein Abscheu gegen alle Gewohnheiten, Bequemlichkeiten und Bedürfnisse des Lebens, dabei so außerordentliche Eigentümlichkeiten in seinem ganzen geistigen, sittlichen und physischen Wesen, dass man sich in die Wahl versetzt glauben konnte, ob man ihn für einen durch irgend ein Wunder auf die Erde herab versetzten Bürger eines anderen Planeten oder für jenen Menschen des Plato nehmen solle, der, unter der Erde geboren und aufgewachsen, erst im Alter der Reife auf die Oberwelt zum Licht der Sonne heraufgestiegen.

Wie kann der größte Rechtsgelehrte der Goethe-Zeit so etwas schreiben? Würde ein heutiger Jurist so etwas verfassen, so würde er als nicht ernstzunehmend gelten, wenn nicht gar als unzurechnungsfähig! Oder lässt sich der wagemutige Vergleich erklären anhand der damaligen Zeit des noch romantisch Verklärt-Seins? Nein, dieses Zitat ist nur daraus wirklich zu ermessen, indem wir erkennen: Hier ringt ein Mensch, der zum Augenzeugen eines außerordentlichen Geschehens wurde, um Fassung, um dieses Außerordentliche annehmen zu lernen und den Versuch zu unternehmen, dieses in das Licht des Bewusstseins zu heben!

Blicken wir also nochmals auf dieses Außerordentliche, das Feuerbach in Kaspar Hauser vorfand, bevor wir uns dem gewagten Vergleich annähern, nämlich dem Höhlengleichnis Platons, um die Aussage Feuerbachs somit zu prüfen und in ihrer Weite ausloten zu können! Und diese Arbeit, sie wird sich lohnen, handelt es sich doch bei dem Höhlengleichnis nicht um irgendein Gleichnis, sondern um eines der allerwichtigsten philosophischen Urbilder der Menschheitsgeschichte überhaupt! Ein philosophisches Urbild zudem, das von höchster Aktualität ist, wie wir noch sehen werden!

Es sind viele Augenzeugen gegeben, die von Beginn an von Kaspar Hausers Außerordentlichkeit berichten! Von seinem Äußeren her gleicht er bei seinem Erscheinen in der Welt zu Pfingsten 1828 einem etwa 16-jährigen Jüngling. Von seinem Wesen her aber wird er als ein Kind beschrieben, in einem Alter von etwa zwei bis drei, höchstens vier Jahren. Wie ist das zu verstehen?

Der Nürnberger Stadtgerichtsarzt Doktor Preu kommt anhand seiner Untersuchung des Findlings zu der klaren und wichtigen Diagnose: «Dieser Mensch ist weder verrückt noch blödsinnig, aber offenbar auf die heilloseste Weise von aller menschlichen und gesellschaftlichen Bildung gewaltsam entfernt worden.» Und er attestiert Kaspar Hauser ein «wahrhaft heiliges Wahrheitsgefühl».

Und Georg Friedrich Daumer, Kaspar Hausers Lehrer, von dem Rudolf Steiner sagt, er sei «nicht hoch genug zu schätzen» und dass er der «letzte Rosenkreuzer» sei, erkennt in seinem Schüler eine «rigoroseste Wahrheitsliebe». Darüber hinaus sagt er: «Das rührende Bild der reinsten Güte, welche Hausers Erscheinen in der ersten Zeit gewährte, übertrifft alles, was von dieser Art die Phantasie sich erfinden könnte, und lässt sich in der Fülle seiner Lebendigkeit durch keine Beschreibung ausdrücken.»

Und Nürnbergs Bürgermeister, Jakob Friedrich Binder, nennt in seiner umfassenden Bekanntmachung Kaspar Hauser «ein Pfand der Liebe» für die Stadt. Andreas Hiltel, der Gefängniswärter von Nürnberg – denn ja, man sperrt den Findling nach seinem Erscheinen in der Welt gleich «wieder» in ein Gefängnis – meint, «Kaspar Hausers Unschuld sei ihm so gewiss, dass er sie würde bezeugen müssen, wenn Gott selber das Gegenteil behauptete». Erstaunlich! Und Freiherr Gottlieb von Tucher, der zum offiziellen Vormund des Findlings erwählt wird (er selbst hatte bereits auch einen Vormund, der niemand Geringeres war als der große Philosoph Georg Wilhelm Friedrich Hegel) sagt: «Kaspar Hauser gab im vollkommensten Grade das Bild des ersten Menschen im Paradiese vor dem Sündenfall.»

Feuerbach beschreibt in seinem bereits erwähnten Werk Kaspar Hauser gar als «das gleichsam einzige Geschöpf seiner Gattung» sowie als ein «Abbild des Ewigen in der Seele eines Engels.»

Was liegt hier vor? Mit was für einer Individualität hat man es hier zu tun, die solche Zeugnisse hervorruft? Und dies nur bereits durch ihre unmittelbare Anwesenheit, ohne Jegliches hervorgebracht zu haben?

Außerordentlich ist auch seine Sinnesphysiologie. Denn alle Sinne Kaspar Hausers sind in ihrer Wahrnehmungsgabe in einem solch hohen Maße gesteigert, dass ein für normal befundenes menschliches Maß weit überstiegen wird. Auch der ernährungsphysiologische Aspekt wirft ungemeine Fragen auf, scheint Kaspar Hauser doch ausschließlich Wasser und Brot zu sich zu nehmen. Und doch weist er keinerlei Mangelerscheinungen auf! Und nicht zuletzt ist es auch seine enorme Gedächtniskraft, die kolossales Erstaunen hervorruft.

Alleine schon aufgrund dieser nun erwähnten Aspekte, die allesamt Tatsachen sind, kann Feuerbachs anfangs erwähnter Vergleich zumindest nachvollzogen werden. Denn diese Individualität, der der Name Kaspar Hauser auf seinem Weg in die Welt mitgegeben wurde, sie scheint nicht ganz von dieser Welt zu sein. Entweder ist er wie «von unten» auf die Welt heraufgestiegen, oder wie «von oben» auf sie herab versetzt worden, aber als ein Bürger dieser Welt, insbesondere einer Zeit, die wir als die fünfte nachatlantische Kulturepoche bezeichnen, aus dieser vorliegenden Welt scheint er nicht zu sein!

Dies deckt sich auf erstaunliche Weise mit der wichtigen Frage Rudolf Steiners in Bezug zu Kaspar Hauser, die wir aus den Notizen des Grafen Polzer-Hoditz vom 3. März 1925 kennen. Nachdem es bereits 1916 zu wichtigen Gesprächen zwischen Rudolf Steiner und Polzer-Hoditz, Kaspar Hauser betreffend, gekommen war, über deren Inhalt wir dann im zweiten heutigen Vortrag noch ausführlich zu sprechen haben, formulierte Rudolf Steiner, nur einige wenige Wochen vor seinem Schwellenübergang, drei entscheidende, die Zukunft betreffende Fragen. Die dritte dieser Fragen lautet: Woher kam Kaspar Hauser? Die Frage lautet also nicht, wer ist, respektive wer war Kaspar Hauser, sondern woher dieser kam. Diese Frage aber steht in unmittelbarer Nähe zu Feuerbachs Suche nach der eigentlichen Heimat dieser außerordentlichen Individualität. Als ob diese tatsächlich wie von einem anderen Ort, von einem anderen Raum, einer anderen Sphäre, ja, aus einer anderen Hierarchie zu kommen scheint!

Nähern wir uns also nun dem Höhlengleichnis Platons. Um dieses besser verorten zu können, lohnt sich ein kurzer Blick in die damalige Zeit. Und da ein Sprechen über Platon gewissermaßen immer auch gründen muss in einem Sprechen über Sokrates, so beginnen wir also mit dem Blick auf die Geburt des Sokrates im Jahre 469 vor Christus. All die großen abendländischen Philosophen, die vor ihm wirkten, wie beispielsweise Heraklit, Thales, Pythagoras, Parmenides oder Empedokles, sie werden in der Geschichte der Philosophie benannt als die Vor-Sokratiker. Alleine schon durch diese Bezeichnung ist zu ermessen, was für ein Gewicht, was für ein Einschlag Sokrates in der Geistesgeschichte bedeutet!

Im Jahre 427 vor Christus wird dann Platon geboren (manchmal wird auch das Jahr 428 angegeben).

Im Jahre 414 muss es dann zu der ersten Begegnung zwischen Sokrates und Platon gekommen sein. Davon erzählt eine Legende, die zu schön ist, um sie nicht zu erzählen:

Sokrates habe einen Traum gehabt, in dem ihm ein Schwanenjunges geschenkt wurde. Und als er dieses Schwanenjunge in die Hände nahm, da entwickelte und entfaltete sich das junge Tier rasch zu einem schönen, ausgewachsenen Schwan. Am nächsten Tag sei ihm dann der etwa zwölfjährige Platon vorgestellt worden, und sogleich habe Sokrates gewusst, dass dieser Knabe jener junge Schwan sei, der sich nun rasch zu all seiner Erhabenheit entwickeln würde!

Diese Legende ist daher für uns eben auch von Bedeutung, da das Symbol des Schwanes von hoher, esoterischer Qualität ist, der wir beispielsweise auch bei Kaspar Hauser begegnen. Denn der lichteste Moment in Kaspar Hausers Leben ist seine Konfirmation im Mai 1833, durch die er zu einer tatsächlichen Christusbegegnung kommt. Und wo geschieht dieser erhabene Moment? In der Schwanenritterkapelle zu Ansbach. Der Schwan aber ist jenes hohe, erhabene Symbol des Mysterienschülers, der auf seinen eigenen Namen verzichtet, um ganz Diener der höheren Geistigen Welt werden zu können. Jesus, so Rudolf Steiner, hatte auf seinem Wege der Mysterienschülerschaft den Grad des Schwanes erreicht, als er den Christus aufzunehmen fähig war! Und auch Platon wird in einem hohen Maße zum Schwan des Sokrates, nachdem dieser bereits 399 vor Christus den Schierlingsbecher zu trinken hatte. Er wurde hingerichtet wegen Blasphemie und Verführung der Jugend, so die offizielle Anklage. In Wahrheit aber war er schlichtweg zu einflussreich geworden in seiner Wirksamkeit als «Hebamme», als welche er sich sah. Auf dem öffentlichen Marktplatz der Stadt wurde er zum Geburtshelfer des aus dem niederen Menschen hervorkommenden höheren Menschen! Da war Platon gerade einmal 28 Jahre alt. Wir werden sehen, wie einschneidend und lebensprägend dieses Ereignis für ihn war!

Im Jahre 387 gründet der 40-jährige Platon dann seine berühmte Akademie in Athen, Urbild jeglicher universitären Stätte bis heute.

384 wird Aristoteles geboren, sodass der Dreiklang, wie ich ihn zu Beginn des Vortrages genannt habe, sich vervollkommnet! Mit 17 Jahren tritt Aristoteles in Platons Akademie ein und studiert dort 20 Jahre.

374 vor Christus schreibt dann der 54-jährige Platon sein Werk *Politeia*, das als eines seiner wichtigsten und gewichtigsten Werke gilt. Der Titel wird herkömmlich übersetzt mit dem Begriff *Der Staat*, auch wenn *Politeia* sicherlich weit umfassender zu verstehen ist. Darin befindet sich das für die heutigen Vorträge tonangebende Gleichnis, das Höhlengleichnis.

347 stirbt Platon im hohen Alter von 81 Jahren. In einigen Biografien ist zu lesen, er sei enttäuscht gestorben darüber, dass seine staatspolitischen Ideen, die er insbesondere in seiner *Politeia* vertrat, nicht zur Verwirklichung hatten finden können.

Über diese Ideenfülle gilt es heute nicht zu sprechen, und doch gilt es, so etwas wie einen Schlüsselgedanken Platons zur Staatspolitik ausfindig zu machen!

Platons Werk wird gerne gegliedert in Frühe, Mittlere und Späte Dialoge. Ja, eine ihm besonders am Herzen liegende literarische Form ist die des Dialoges. So ist sein philosophisches Werk immer auch ein sehr künstlerisches, lebendiges. Dieser Kunstgriff hat mehrere Gründe. Einerseits gibt es ihm die Möglichkeit, seinem so geliebten Lehrer Sokrates eine Stimme zu verleihen, ihm Raum zu schenken und ihn somit für die Nachwelt zu retten. Denn bedenken wir, Sokrates war ein Philosoph des gesprochenen Wortes, nicht des geschriebenen. Andererseits wird Sokrates in den Dialogen Platons oft zu dessen «Alter Ego», er legt dem Lehrer gewissermaßen seine eigenen Gedanken in den Mund. Dies kann gesehen werden einerseits als eine Huldigung, andererseits aber eben auch als eine Schutzmaßnahme, durch die Platon selbst nicht so recht zu greifen, nicht so recht festzulegen ist in seinem eigenen philosophischen Standpunkt. Er macht sich dadurch weniger angreifbar! Denn, bedenken wir nochmals: Er war 28 Jahre jung, als sein Lehrer hingerichtet wurde!

Darüber hinaus aber spricht sich in der Dialogform insbesondere Platons Verwurzelung in den alten Mysterien aus, wie Rudolf Steiner sagt. «Es sollen diese Gespräche», so Steiner, «eben nichts anderes sein als die literarische Form für die Vorgänge in den Mysterienstätten. Als philosophischer Lehrer hat Platon sein wollen, was der Einweihende in den Mysterien war.»

Die *Politeia* gehört nun den Mittleren Dialogen an. Und genau in der Mitte dieses mittleren Dialoges, gewissermaßen als energetischer Schwerpunkt eines ganzen Lebenswerkes, findet sich nun tatsächlich jener Satz, den man auch den Kardinalsatz Platons nennt, da er Ausdruck ist eines entscheidenden Schlüsselgedankens: der Satz vom Philosophenkönig. Hören wir also Platons berühmte Worte:

Wenn nicht die Philosophen in den Staaten Könige werden oder die Könige, wie sie heute heißen, und Herrscher echte und gute Philosophen und wenn nicht in eine Hand zusammenfallen politische Macht und Philosophie, und wenn nicht die Vielzahl derer, die sich heute aufgrund ihrer Anlage nur der einen der zwei Aufgaben widmen, mit Gewalt davon ferngehalten wird, gibt es kein Ende des Unglücks in den Staaten, ja nicht einmal im ganzen Menschengeschlecht.

Hier nun spricht sich also deutlich der alte Menschheitswunsch, die alte Sehnsucht aus: Möge der Inhaber der Macht doch auch ein weiser, weisheitsvoller Mensch sein!

Dieser Wunsch ist nur zu verständlich und es schmerzt, immer und immer wieder erleben zu müssen, dass oft das Gegenteil der Fall zu sein scheint, ohne dass ich mir hiermit erlauben möchte, irgendeinem Politiker zu nahe treten zu wollen. Aber ist es nicht so? Es scheinen sich ja oft geradezu auszuschließen: tatsächliche Weisheit und politische Macht! Das ist es ja, was Platon anprangert! Und er zeichnet ein düsteres Bild der Menschheit, so diese Vereinigung nicht zustande kommen sollte!

Mit diesem Gedanken aber befinden wir uns plötzlich wieder unmittelbar bei Kaspar Hauser. Denn, vergessen wir nicht, er ist ja als Staatsmann geboren worden! Der zu Michaeli 1812 in Karlsruhe geborene Erbprinz war ja an sich dafür bestimmt gewesen, Königliche Hoheit Großherzog von Baden zu werden. Und sein Urgroßvater, Karl Friedrich, der erste Großherzog Badens, war ein weiser, ein umsichtiger und liberaler Herrscher, sehr geschätzt beispielsweise von Goethe und von Herder. Von Baden hätte also über die Generationen hin eine Qualität ausstrahlen können einer entscheidenden Entwicklung und Neugestaltung der politisch-sozialen Ordnung. Und Karlsruhe, Hauptstadt Badens, die im Sinne des Sonnenzeichens gebaut worden war, wurde tatsächlich insgeheim auch als geistige Hauptstadt der Deutschen Lande angesehen. Doch der Erbprinz wurde, wie wir ja wissen, daran gehindert, seinen Weg als Staatsmann zu betreten! Diese Verhinderung geschah einerseits durch rein machtpolitische, dynastische Anliegen, andererseits aber eben bereits durch weitreichende Bestrebungen, die mögliche spirituelle Entwicklung des Menschengeschlechts, gründend in einer hohen sozialen Ordnung, nicht zulassen zu wollen.

Erinnern wir uns kurz: In der eigenen Familie, der Zähringer-Linie, in die der Erbprinz hineingeboren war, gab es bereits einen unrechtmäßigen Machtanspruch anderer, beispielsweise des Großonkels Ludwig, der nur dann den Thron an sich hätte besteigen können, so sein Neffe Karl sowie dessen Söhne sterben sollten. Und genau dies geschieht. 1818 nimmt Ludwig den Thron ein, wobei, wie wir wissen, einer von Karls Söhnen, nämlich der zu Michaeli 1812 geborene Erbprinz, ja nur als tot ausgegeben wurde, in Wahrheit aber noch lebte!

Darüber hinaus gab es die Nebenlinie der Hochbergs, die ebenfalls einen unrechtmäßigen Machtanspruch hatte und nur dann auf den Thron gekommen wäre, so es keine lebenden Thronanwärter mehr bei der Zähringer-Linie gegeben hätte.

Und auch das geschieht. Als Ludwig 1830 stirbt, geht die Thronfolge auf die Hochbergs über. Und doch lebte ja auch zu diesem Zeitpunkt noch der eigentliche, legitime, 1812 geborene Erbprinz!

Und dann gab es den Konflikt zwischen Bayern und Baden. Denn Bayern wollte das wichtige Territorium der Kurpfalz zurückgewinnen, das durch Napoleon zu Baden gelangt war. Zu dem möglichen Militäreinsatz musste es aber nicht kommen, da es im Badischen Staatsvertrag die Klausel gab, dass die Kurpfalz an Bayern zurückzufallen habe, so der Mannesstamm der Zähringer aussterben sollte! Somit war auch hier ein hohes Motiv gegeben, sich womöglich des Erbprinzen zu bemächtigen.

Die vierte Ebene aber ist jene, die weit über die dynastischen Fragen Badens und über den Badisch-Bayerischen Konflikt hinausgeht und das europäische Motiv genannt werden kann. Denn Stéphanie de Beauharnais, die Mutter des Erbprinzen, ist Adoptivtochter Napoleons des Ersten. Somit ist der Erbprinz also ein legitimer Napoleonide. Käme er auf den Thron, wäre dies aber eine enorme Gefahr für alle Napoleon-Gegner. Aus dieser Ebene heraus erklärt sich beispielsweise auch die wichtige Rolle des Engländers Stanhope, der nicht nur für die Hochberg-Linie arbeitete, sondern eben auch mit Fürst Metternich in Kontakt stand, der ja als einer der gewichtigsten politischen Gegner Napoleons zu sehen ist.

Diese vierfach gegebene Komplexität ist aber bisher «nur» weltlich-exoterischer Natur. Und diese Komplexität läge bei jeglicher Geburt eines männlichen Nachfahren von Karl und Stéphanie vor, unabhängig von der eigentlichen Wesenheit, die sich da inkarnieren würde. Nun kommt aber der fünfte, der eigentlich esoterische Aspekt hinzu, der von enormem Gewicht ist, nämlich die Tatsache, dass eine besonders hochstehende Individualität sich anschickte, zu inkarnieren. Eine Individualität, die nicht nur die begonnene Arbeit des Urgroßvaters Karl Friedrich fortzuführen imstande gewesen wäre, sondern die Fähigkeit gehabt hätte, diese um ein Vielfaches zu potenzieren und zur Vollendung zu bringen. Und eine Individualität, die darüber hinaus zugleich auch das Wirken Napoleons, des eigenen «Adoptiv-Großvaters», auszugleichen imstande gewesen wäre, der ja seinen eigentlichen Auftrag vergessen hatte, wie Rudolf Steiner sagt!

Die Möglichkeit, die Notwendigkeit einer solchen sich manifestierenden Individualität hatten bereits einige der deutschen Dichter und Denker vernommen, oder zumindest erhofft! So aber die lichten Geister diese Wahrnehmung hatten, so war es auch möglich vonseiten der dunkleren Kräfte, dies zu erkennen und dadurch gar Ort und Zeitpunkt der möglichen Geburt ausfindig zu machen.

Die Königliche Hoheit, die später dann den Namen Kaspar Hauser tragen wird, hätte also sowohl durch den Blutsstrom, mittels dessen sie sich in die Welt hineinstellte, als auch mittels ihres eigentlichen erhabenen Wesens etwas in der mitteleuropäischen «Politeia» des 19. Jahrhunderts vollbringen können, was bereits Platon durch den Begriff des Philosophenkönigs gefordert hatte.

Hören wir diesbezüglich nun die Worte Rudolf Steiners, wie er benennt, was ursprüngliche Aufgabe des Kaspar Hausers hätte sein sollen:

> *Süddeutschland hätte werden sollen die neue Gralsburg der neuen Geistesstreiter und die Wiege künftiger Ereignisse. Wohlvorbereitet war der Geistesraum durch alle jene Persönlichkeiten, die wir als Goethe, Schiller, Hölderlin, Herder usw. kennen. Kaspar Hauser sollte wie um sich herum sammeln all das, was da lebte in diesem so vorbereiteten Geistesraum.*

In diesen Zeilen aus dem Jahre 1916 benennt Rudolf Steiner Kaspar Hauser also gewissermaßen als einen Gralskönig! So haben wir nun zwei große, verwandte Begriffe: einerseits den Philosophenkönig, andererseits den Gralskönig. Ersterer

Begriff aber stammt aus den Zeiten vor dem Mysterium von Golgatha, der zweite Begriff aus den Zeiten nach dem Mysterium von Golgatha.

Gleicht also, so dürfen wir nun fragen, die Königliche Hoheit namens Kaspar Hauser nicht aufs Höchste jenem von Platon geforderten Philosophenkönig, durch das Mysterium von Golgatha transfiguriert zum Gralskönig?

Hören wir nun das Höhlengleichnis! Der Satz vom Philosophenkönig stammt aus dem fünften der zehn Bücher der *Politeia* – also, wie gesagt, genau aus der Mitte des großen Werkes. Das Höhlengleichnis nun finden wir etwas weiter hinten im siebten Buch. Darin begegnen sich Sokrates, der das Gespräch führt, und Glaukon, ein tatsächlicher, leiblicher Bruder Platons.

> *«Und nun», fuhr ich* [also Sokrates] *fort, «mache dir den Unterschied zwischen Bildung und Unbildung in unserer Natur an dem folgenden Erleben gleichnishaft klar. Stelle dir die Menschheit vor in einem unterirdischen, höhlenartigen Raum, der gegen das Licht zu einen weiten Ausgang hat über die ganze Höhlenbreite; in dieser Höhle leben sie von Kindheit, gefesselt an Schenkeln und Nacken, so dass sie dort bleiben müssen und nur gegen vorwärts schauen, den Kopf aber wegen der Fesseln nicht herumdrehen können; aus weiter Ferne leuchtet von oben her hinter ihrem Rücken das Licht eines Feuers, zwischen diesem Licht und den Gefesselten führt ein Weg in der Höhe; ihm entlang stelle dir eine niedere Wand vor, ähnlich wie bei den Gauklern ein Verschlag vor den Zuschauern errichtet ist, über dem sie ihre Künste zeigen.»*
>
> *«Merkwürdig sind Gleichnis und Gefesselte, von denen du sprichst.»*
>
> *«Sie gleichen uns! Denn sie sehen zunächst von sich und den anderen nichts außer den Schatten, die von dem Feuer auf die gegenüberliegende Mauer geworfen werden, verstehst du?»*

«Natürlich, wenn sie gezwungen sind, ihre Köpfe unbeweglich zu halten ihr Leben lang.»
«Dasselbe gilt auch von den vorübergetragenen Geräten, nicht?»
«Gewiss!»
«Wenn sie sich untereinander unterhalten könnten, da würden sie wohl glauben, die wahren Dinge zu benennen, wenn sie von den Schatten sprechen, die sie sehen.»
«Notwendigerweise!»
«Wenn nun weiter das Gefängnis ein Echo hätte von der Wand gegenüber, und wenn einer der Vorübergehenden etwas spräche, dann käme, so würden sie glauben, der Ton von nichts anderem als von dem vorübergehenden Schatten, nicht?»
«Ganz so, bei Zeus!»
«Alles in allem: Diese Leute würden nichts anderes für wahr halten als die Schatten der Geräte.»
«Notwendigerweise!»
«Überlege nun Lösung und Heilung aus Ketten und Unverstand, wie immer das vor sich gehen mag, ob da wohl Folgendes eintritt. Wenn etwa einer gelöst und gezwungen würde, sofort aufzustehen und den Kopf umzuwenden, auszuschreiten und zum Licht zu blicken, wenn er bei alledem Schmerz empfände und wegen des Strahlenfunkelns jene Gegenstände nicht anschauen könnte, deren Schatten er vorher gesehen, was glaubst du, würde er da wohl antworten, wenn man ihm sagte, er habe vorher nur eitlen Tand gesehen, jetzt aber sehe er schon richtiger, da er näher dem Seienden sei und sich zu wirklichen Dingen hingewendet habe; wenn man ihn auf jeden der Vorbeigehenden hinwiese und zur Antwort auf die Frage zwänge, was das denn sei? Würde er da nicht in Verlegenheit sein und glauben, was er vorher erblickt, sei wirklicher als das, was man ihm jetzt zeige?»
«Gewiss!»
«Und wenn man ihn zwänge, ins Licht selbst zu blicken, dann würden ihn seine Augen schmerzen, und fluchtartig würde er

sich dem zuwenden, was er anzublicken vermag; dies würde er dann für klarer halten als das zuletzt Gezeigte, nicht?»
«So ist es!»
«Wenn man ihn», fragte ich weiter, «von dort wegzöge, mit Gewalt, den schwierigen und steilen Anstieg hinan und nicht früher losließe, bis man ihn ans Licht der Sonne gebracht hätte, würde er da nicht voll Schmerz und Unwillen sein über die Verschleppung? Und wenn er ans Sonnenlicht käme, da könnte er wohl, die Augen voll des Glanzes, nicht ein einziges der Dinge erkennen, die man ihm nunmehr als wahr hinstellte.»
«Nicht sofort wenigstens!»
«Er brauchte Gewöhnung, denke ich, wenn er die Oberwelt betrachten sollte; zuerst würde er am leichtesten die Schatten erkennen, dann die Spiegelbilder der Menschen und der anderen Dinge im Wasser, später sie selbst; hierauf könnte er die Dinge am Himmel und diesen selbst leichter bei Nacht betrachten, aufblickend zum Licht der Sterne und des Mondes, als bei Tag die Sonne und ihr Licht.»
«Natürlich!»
«Zuletzt könnte er aber die Sonne, nicht ihr Abbild im Wasser oder auf einem fremden Körper, sondern sie selbst für sich an ihrem Platz anblicken und ihr Wesen erkennen.»
«Notwendigerweise!»
«Und dann würde er durch Schlussfolgerung erkennen, dass sie es ist, die die Jahreszeiten und Jahre schafft und alles in der sichtbaren Welt verwaltet und irgendwie Urheberin ist an allem, was sie gesehen haben.»
«Klar, soweit würde er allmählich kommen!»
«Nun weiter! Wenn man ihn dann an seine erste Wohnung, an sein damaliges Wissen und die Mitgefangenen dort erinnerte, würde er sich dann nicht glücklich preisen wegen seines Ortswechsels und die anderen bedauern?»
«Gar sehr!»
«Wenn sie damals Ehrenstellen und Preise untereinander ausgesetzt haben und Auszeichnungen für den Menschen, der die

vorbeiziehenden Gegenstände am schärfsten erkannt und sie am besten gemerkt hat, welche vorher und welche nachher und welche zugleich vorbeizogen, und daher am besten auf das Kommende schließen könne, wird da nun dieser Mann besonders Sehnsucht nach ihnen haben und jene beneiden, die bei ihnen in Ehre und Macht sind? Oder wird es ihm gehen, wie Homer sagt, er begehre heftig, Arbeit um Lohn zu verrichten bei einem ärmlichen Mann auf dem Lande [...] und alles eher zu erdulden, als wieder nur jene bloßen Meinungen zu besitzen und auf jene Art zu leben?»
«Lieber wird er alles über sich ergehen lassen, als dort zu leben!»
«Und dann überlege noch dies: Wenn ein solcher wieder hinabstiege und sich auf seinen Sitz setzte, hätte er da nicht die Augen voll Dunkelheit, da er soeben aus der Sonne gekommen ist?»
«Und wie!»
«Und wenn er dort wieder im Unterscheiden der Schatten mit jenen immer Gefesselten wetteifern müsste, zur Zeit, da seine Augen noch geblendet sind und sich noch nicht umgestellt haben, und diese Zeit der Gewöhnung wird nicht kurz sein, würde er da nicht ausgelacht werden und bespöttelt, er sei von seinem Aufstieg mit verdorbenen Augen zurückgekehrt; daher sei es nicht wert, den Aufstieg auch nur zu versuchen. Und wenn er sie dann lösen und hinaufführen wollte, würden sie ihn töten, wenn sie ihn in die Hände bekommen und töten könnten!»
«Sicherlich!»

Soweit das Höhlengleichnis Platons!

Versuchen wir, mithilfe der Tafel uns einen ersten Überblick zu verschaffen. Das Höhlengleichnis vertiefen und es in Bezug setzen zu Kaspar Hauser, das werden wir dann im zweiten Vortrag vornehmen.

Wir haben also eine Höhle, in der Menschen in einer Art und Weise gefangen gehalten werden, dass sie nur auf die vor ihnen liegende Höhlenwand zu blicken vermögen. Hinter ihnen verläuft eine Art niedere Wand, dahinter wiederum ein Weg. Auf diesem schmalen Weg nun werden künstliche Gegenstände vorüber getragen in einer Weise, dass die Gegenstände über die Mauer herausragen. Hinter dieser Vorrichtung, bereits höher gelegen, gibt es nun ein Feuer. Dieses Feuer wirft den Schatten der vorüber getragenen Gegenstände auf die Höhlenwand, die sich vor den Gefangenen befindet. Nehmen wir also an, es würde beispielsweise eine Vase vorüber getragen, so würde ihr Schatten auf der Höhlenwand sichtbar werden. Und diese Schatten der Gegenstände würden die Gefangenen für das Wahre halten. Am oberen Ende der Höhle gibt es einen Ausgang, der in die Natur führt. Dort sind nun natürliche Gegenstände vorzufinden, beispielsweise ein Baum, der sowohl in seinem Schattenbild als auch gespiegelt im Wasser, als auch als eigentlicher Baum zu sehen ist. Darüber hinaus gibt es dann beispielsweise Mond und Sterne zu sehen und als Letztes, als Krönendes, da gibt es die Sonne zu sehen! Die Sonne nennt Platon: die Idee des Guten. Wobei der Begriff der Idee bei ihm nicht abstrakt zu verstehen ist, wie es heutzutage der Fall ist, sondern die Ideen werden noch gesehen als etwas Wesenhaftes, Ideen sind tatsächliche Wesen!

Die Handlung des Gleichnisses ist an sich sehr einfach. Zu Beginn beschreibt Platon durch den wortführenden Sokrates die Situation der Gefangenen. Dann beschreibt er, was geschehen würde, so es zu der Befreiung eines der Gefangenen käme. Der daraufhin erfolgende Aufstieg wäre beschwerlich und schmerzhaft, viele Zweifel und Fragen kämen zutage. Und doch würde er mit der Zeit zu einer immer größeren Erkenntnis des Wahren kommen, bis er zu guter Letzt in der Sonne selbst die eigentliche, alles hervorbringende Wahrheit erkennen könnte. Das Gleichnis aber ist hier nicht beendet. Nun erfolgt der dritte Teil, denn dieser Befreite könnte sich eben nicht einfach nur auf seiner Errungenschaft ausruhen, sondern es wäre ihm ein notwendiges Anliegen, seinen noch gefangenen Mitmenschen davon zu künden. Es würde somit nun sein Herabsteigen erfolgen müssen. Und dann, als bittere Konsequenz, seine mögliche Ermordung, da seine ehemaligen Mitgefangenen es nicht dulden könnten, was er ihnen da ins Bewusstsein bringen wollte!

Was wir hier in aller Deutlichkeit durch Platon vor unser inneres Auge gestellt bekommen, ist aber eben auch genau das, was mit seinem Lehrer geschah. Mehr noch! Platon lässt in dem Gleichnis sogar den wortführenden Sokrates selbst von seiner eigenen Ermordung künden!

Noch erschütternder ist aber für uns die Tatsache, dass nur 16 Monate nach der Veröffentlichung von Feuerbachs Werk über Kaspar Hauser, in dem er den Bezug zu Platons Höhlengleichnis aufstellt, der Rechtsgelehrte ermordet wird, vergiftet wird, ja – gewissermaßen hingerichtet wird! Hatte er diese Gefahr nicht bedacht? Hätte er in dem Moment, als er sich entschied, das Höhlengleichnis zu erwähnen, nicht die Möglichkeit bedenken müssen einer gleichen, auch für ihn gegebenen Konsequenz? Wenn er auch ganz anders für die Wahrheit kämpfte, als dies Sokrates tat, so drohte ihm doch auch ein ganz ähnliches Schicksal!

Rudolf Steiner sagt: «Sokrates ist eine durch den Tod für die Wahrheit geheiligte Person.» Feuerbach aber kämpfte für die Wahrheit Kaspar Hausers, von dem der Arzt sagte, er habe ein «wahrhaft heiliges Wahrheitsgefühl». Von dem der Lehrer sagte, er habe eine «rigoroseste Wahrheitsliebe». Von dem Rudolf Steiner sagte, er habe eine «eingeborene Wahrhaftigkeit».

Das aber gibt uns die Erlaubnis, auch sagen zu dürfen: «Feuerbach ist eine durch den Tod für die Wahrheit geheiligte Person.» Ihm sei dieser Vortrag gewidmet!

Herzlichen Dank für Ihre Aufmerksamkeit!

KASPAR HAUSER
und das Höhlengleichnis Platons

Vortrag II

Sehr geehrte Damen und Herren,
liebe Freunde!

Herzlich willkommen zu dem zweiten Vortrag! Nun werden wir noch tiefer in die Höhle hinabsteigen müssen! Bereits nach erstmaligem Hören des Gleichnisses können wir vernehmen, wie tiefgreifend es Platon gelingt, des Menschen Situation zu beschreiben. Erschreckend für uns Heutige aber ist, dass das Gleichnis über die langen Zeiten nicht etwa an Kraft verloren hat, sondern – im Gegenteil, muss man fast sagen – ungemein an Schärfe und Brisanz dazugewonnen hat! Denn die Welt des Schattens und des Scheins ist ja größer denn je! Diese Welt hat heute bereits ein Ausmaß erreicht, das eigentlich für nicht möglich zu halten war! Darüber hinaus aber berührt es uns, die wir hier im Namen Kaspar Hausers versammelt sind, eigenartig, denn es ist doch frappierend, wie groß die Analogien sind zwischen Gleichnis und realem Geschehen um das Kind Europas!

Die Ausgangssituation, die uns Platon beschreibt, ist also die: Im Verborgenen leben Menschen als Gefangene! Bevor aber Kaspar Hauser am 26. Mai 1828 in die Welt trat, da lebte er im Verborgenen als Gefangener. Mehr noch, er ist in der neueren Menschheitsgeschichte vielleicht zu dem maßgebenden Urbild des gefangenen Menschen an sich geworden! Und dieses Heraustreten aus seiner Gefangenschaft, es geschieht just zu Pfingsten! Pfingsten aber ist das Fest der freien Individualität, wie Rudolf Steiner sagt. Die an Kaspar Hauser verübte Freiheitsberaubung steht dadurch also in Verbindung zu der Frage nach des Menschen Freiheit an sich. Gleiches gilt bei Platon: Denn es geht hier nicht um die Frage nach der Freiheit eines Menschen, sondern nach der Freiheit des Menschen! Kommt uns da nicht bereits Friedrich von Schiller in den Sinn, der da schreibt:

Der Mensch ist frei geschaffen, ist frei,
und würd' er in Ketten geboren.

Dieser energische Vers aber führt uns direkt zu einem nächsten, äußerst wichtigen Punkt. Denn die bei Platon im Verborgenen Gefangenen, sie sind angekettet. Und nur durch dieses Angekettet-sein funktioniert gewissermaßen die Ausgangssituation des Gleichnisses, denn dadurch nur sind die Gefangenen wie gezwungen, geradeaus zu blicken, um somit nicht sehen und erkennen zu können, was sich in ihrem Rücken abspielt! Durch Kaspar Hausers Beschreibungen aber seines Kerkerlebens wissen wir, dass auch er angekettet, angebunden gewesen sein muss. Es muss eine Art Riemen gegeben haben, der, am hinteren Hosenbund befestigt, ihn mit dem Mauerwerk verbunden hat. Dadurch konnte er sich nicht erheben oder auf andere Weise seinen Platz auf dem Stroh verlassen. Er konnte einzig und allein leicht zur Seite rutschen, um seine Notdurft in eine dafür vorgesehene Aussparung im lehmigen Boden zu verrichten. Um zu schlafen, kippte er seinen Oberkörper einfach zur Seite auf den Boden. Diese Ankettung in einem an sich völlig verborgenen Verlies aber ist Teil eines Verbrechens, das eben nicht mehr durch rein weltliche Gründe zu verstehen ist. Welche Gefahr sollte denn gegeben sein, wenn dieses Kind eventuell in dem Verlies sich hätte bewegen können? Dieses Angekettet-sein ist bereits zu sehen als ein gezielter Angriff auf die Aufrichtekraft des Menschen und die dadurch resultierende Gabe des Gehens, Qualitäten, die wir durch die erste Vorstufe zum Mysterium von Golgatha durch die Christuswesenheit vermacht bekommen haben. Wir können hier also bereits erahnen, dass ein okkultes Verbrechen angelegt worden war, ein Verbrechen, das tatsächlich basierte auf einem Wissen um des Menschen wahre Wesenheit und Wirksamkeit seiner Wesensglieder.

Darüber spricht Rudolf Steiner in jenem bereits im ersten Vortrag erwähnten Gespräch, das er 1916 mit dem Grafen Polzer-Hoditz führte. Hören wir diesbezüglich also die entscheidende Stelle, an der er von den Gegenkräften spricht, «die nicht wollten, dass enthüllt werde, was sie als ein Experiment, als einen großangelegten Versuch inszenierten, um jene Individualität [Kaspar Hauser], durch eben ihr Experiment, von ihren Aufgaben zu trennen. Sie in einem Zwischenreich zu halten. Die Ichheit dieses Wesens soll nicht durchdringen können ihren Leib, soll draußen bleiben in einem Zwischenreich, nicht reine Geistgestalt und nicht reiner Erdenmensch. Von ihren Aufgaben abgelenkt und wie in geistiger Verbannung bleiben. Das heißt, einen Leib zu formen, aber nicht tätig, als Ichheit, ihn ergreifen können.» So die Worte Rudolf Steiners.

Das im Verborgenen gefangene, angekettete Kind ist also Opfer eines Experimentes, eines großangelegten Versuches. Die okkulten Gegenkräfte hatten demnach, weit über die rein politisch-dynastischen Gegenkräfte hinaus, von denen ich im ersten Vortag sprach, die Absicht, eine hohe Individualität, von deren Inkarnation sie auszugehen hatten, wirkungsunfähig machen zu wollen. Sie sollte sich weder rechtens inkarnieren noch aber auch einfach wieder rasch exkarnieren können, sondern sie sollte in «geistiger Verbannung», in einem «Weder-noch», bestmöglich auf ewig verloren sein. Ein komplexes, okkultes Verbrechen! Aber, und diese Frage müssen wir uns stellen, mit welcher Individualität haben diese Gegenkräfte denn gerechnet, um solch ein komplexes Unterfangen zu inszenieren? Mit welcher Wesenheit haben sie rechnen müssen, rechnen können? Das ist eine äußerst wichtige Frage, der wir uns in kommenden Vorträgen ausgiebig widmen werden, denn sie wird Schlüssel sein zu einer maßgeblichen

Erkenntnis bezüglich Kaspar Hauser. Was wir aber bereits an dieser Stelle sagen können, ist: Wenn wir die Signatur der Zeit um 1800 in Mitteleuropa erkennen, und wenn wir lesen lernen, was eben just damals in Karlsruhe und Baden angelegt worden war an liberaler, zukunftsorientierter Politik, so dürfen wir mit den Worten Platons durchaus sagen: die Gegenkräfte haben rechnen können, haben rechnen müssen mit dem Kommen eines «Philosophenkönigs»!

Dieser hätte eine tatsächliche Spiritualisierung bis hinein in den sozialen Organismus impulsieren können. Es wäre ein wesenhafter Schritt möglich gewesen in Richtung einer tatsächlichen Weiterentwicklung von Freiheit, von Gleichheit und von Brüderlichkeit. Ja, es wäre ein Schritt möglich gewesen, wenn wir es so nennen wollen, in Richtung eines tatsächlichen, zukünftigen Menschheits-Pfingsten. Das aber war eben nicht gewollt durch jene okkult wirkenden Gegenkräfte. Und das auch ist der Grund dafür, warum man die Individualität, von der man erhoffte, sie sei völlig zerstört und wirkungsunfähig gemacht worden, genau zu Pfingsten aussetzte, eben als ein Angriff just auf dieses Fest! Auf dass der Mensch nie rechtens zu seiner wahren Freiheit finden möge!

Nun müssen wir aber einer weiteren Tatsache ins Auge schauen, die erschütternd ist! Bei Kaspar Hauser handelt es sich also um ein Verbrechen, das, so Rudolf Steiner, genannt werden kann ein «Experiment, ein großangelegter Versuch». Was aber liegt bei Platon vor? Sind die Begriffe, die Rudolf Steiner wählt, nicht exakt übertragbar auf das philosophische Gleichnis? Können wir nicht genau mit seinen Worten sagen, die Ausgangssituation der in der Höhle Gefangenen ist gleich einem Experiment, gleich einem großangelegten Versuch? Das würde aber bedeuten, dass das philosophische Gleichnis auf nichts anderem beruht als eben auf einem Verbrechen!? Denn natürlich dürfen wir uns fragen: Ja, aber wie ist es denn dazu gekommen, dass diese Menschen da in der Höhle gefangen und angekettet sind? Wer hat dies denn vorgenommen, wer hat dies veranlasst? Was sind das aber auch für Menschen, die all die Gegenstände hinter der Wand vorbeitragen? Sind sie nicht ebenfalls «eingeweiht» in den großangelegten Versuch, in das komplexe Experiment? Und auch jener Mensch, den Platon erwähnt, der mit Gewalt einen der Gefangenen aus seinen Ketten befreit und aus der Höhle schleppt, ist nicht auch er Teil des ganzen Unternehmens? Das ist nun eine wirklich diffizile Frage. Oder darf die Frage so direkt gar nicht gestellt werden, da wir uns ja an sich nur auf einer Gleichnis- und nicht auf einer Real-Ebene befinden? Müsste man sonst nicht eigentlich sagen, das ganze Gleichnis sei doch enorm fehlerhaft, befremdend und schwach?

Um was an sich geht es nun eigentlich in dem Gleichnis? Bereits im ersten Satz, den Platon Sokrates in den Mund legt, wird es gesagt: Es geht um des Menschen Bildung respektive Unbildung! Mit anderen Worten: Es geht um nichts anderes als um das große Feld der Pädagogik und wie diese zu tatsächlicher Erkenntnisfähigkeit führen kann! Wenn wir aber nun den Begriff der Bildung und der Pädagogik in Verbindung bringen mit dem Begriff des Verbrechens, dann wird es unangenehm! Würde das nicht heißen, dass die Unbildung des Menschen Folge eines bewusst gewollten, durch Menschenhand gezielt verübten Verbrechens wäre? Und gewiss ist dem ja auch so, dass über Jahrtausende in der Menschheitsgeschichte Bildung oftmals ein Privileg für nur einige hat sein sollen, aufbauend auf der Unbildung anderer, sei es zwischen Mann und Frau, sei es zwischen Arm und Reich, sei es zwischen Adel und Volk, sei es zwischen religiösen oder ethnischen Gruppierungen.

Heute dürfen wir sagen, dass, vielleicht wie noch nie zuvor in der Menschheitsgeschichte, das Recht auf Bildung vielerorts weltweit wirkt, wenn auch leider immer noch nicht flächendeckend und in ausreichender Qualität.

Wenn wir uns nun aber nochmals vergegenwärtigen, dass das Höhlengleichnis über die Jahrtausende ja sogar an Brisanz und Schärfe gewonnen hat, indem die Welt des

Schattens und des Scheins exorbitant zugenommen hat, so müssen wir uns eben doch auch fragen, wie es bereits heute und vielleicht morgen und übermorgen um die wahre Bildung steht? Könnte die gezielte Verbildung, wie es ja die Gefangenen bei Platon erleben müssen, nicht tatsächlich als verbrecherisches Mittel eingesetzt werden? Ist dies nicht vielleicht sogar bereits längstens der Fall? Anhand der heute gegebenen Informations-Flut – man könnte sie fast als eine Informations-Sintflut bezeichnen – wird uns sicherlich genügend eingetrichtert, aber Bildung ist ja niemals etwas Quantitatives, sondern immer etwas Qualitatives! Ist es da nicht bezeichnend, dass es just den Begriff des «Nürnberger Trichters» gibt, eine Redewendung aus dem 17. Jahrhundert, die zum Synonym wurde für das quantitative Eintrichtern anstelle eines qualitativen Lernens?

Blicken wir nun wiederum auf Kaspar Hauser, so wissen wir, dass es ja insbesondere tatsächlich das große, pädagogische Feld war, das bei ihm von so eminent wichtiger Rolle gewesen ist. Sein schnelles und außerordentliches Lernen ist ja ein pädagogisches Phänomen, das so weit führte, dass die Menschen ihn in seiner Wahrhaftigkeit infrage stellen mussten, da seine Fortschritte und Fähigkeiten für sie nicht nachvollziehbar waren. Und durch sein enormes Entwicklungspotenzial ist er dann gar über die Jahrhunderte zu einem Schutzpatron geworden, insbesondere der Heilpädagogik! Ein schöner und wesentlicher Grund, warum wir soeben hier an diesem Ort versammelt sind!

Wie nah Kaspar Hauser dem Höhlengleichnis ist, das über Bildung und Unbildung des Menschen nachsinnt, zeigt die erste, alles entscheidende ärztliche Diagnose auf, die an Kaspar Hauser vorgenommen wurde. Zwei Tage nachdem er in der Welt erschienen war, wird er von dem Stadtgerichtsarzt Doktor Preu untersucht. Und der Arzt gelangt zu der Einsicht, dass Kaspar Hauser: «offenbar auf die heilloseste Weise von aller menschlichen und gesellschaftlichen Bildung gewaltsam entfernt worden» war. Der Arzt wählt also in seinem Wortlaut exakt die Ausgangssituation, die bei Platon vorzufinden ist: Der Mensch wird gezielt von aller menschlichen und gesellschaftlichen Bildung gewaltsam entfernt!

Ein umso größerer Segen war es dann, dass Kaspar Hauser einen Pädagogen wie Georg Friedrich Daumer in Nürnberg vorfinden konnte, ganz bemüht, dem Wesen des Kindes gerecht zu werden. Was für eine Schicksalskraft waltete hier! Und umso erschütternder aber auch die Tatsache, dass Kaspar Hauser durch den auf ihn verübten ersten Anschlag im Oktober 1829 und aufgrund der gegen Daumer erhobenen Morddrohungen das Haus und somit den Unterricht des geliebten Lehrers wieder zu verlassen hatte. Es folgte dann, nach einem fünfmonatigen Aufenthalt bei Familie Biberbach und einem 16-monatigen Aufenthalt bei Familie Tucher, der Wechsel nach Ansbach, veranlasst durch Lord Stanhope, dem großen Gegenspieler Kaspar Hausers.

Er war es auch, der in Lehrer Meyer dann ein willfähriges Werkzeug vorfand, um anhand seiner «schwarzen Pädagogik», für die Deutschland ja über einige Zeiten berüchtigt war, das Kind mehr und mehr in Beschlag zu nehmen. Oftmals wird daher diese Zeit Kaspar Hausers bei Lehrer Meyer tatsächlich auch als seine zweite Gefangenschaft bezeichnet! Ja, es ist Feuerbach selbst, der diesen Begriff explizit wählt! Fehlgeleitete Pädagogik kann also sehr wohl das Kind gefangen nehmen!

Blicken wir nun auf die Frage, wann, zu welchem Zeitpunkt die Menschen bei Platon in die Situation des Gefangenseins geraten! Der Philosoph schreibt eindeutig, dass sie sich von Kindheit an gefesselt in der Höhle befinden! Wie es also zu der Geburt der Kinder kam, das lässt er außen vor. Was die Kinder in den allerersten Jahren als Säuglinge und Kleinkinder taten, auch das lässt er außen vor. Es ist gewissermaßen für seine Aussage des Gleichnisses nicht von Gewicht. Und es wäre doch wohl auch zu befremdend gewesen für sein damaliges

Publikum, wenn er gesagt hätte, die Menschen würden bereits unter der Erde geboren! Das aber ist, wenn wir uns erinnern, interessanterweise genau die Formulierung, die Feuerbach wählt, indem er sagt, durch Kaspar Hausers umfassende Eigentümlichkeiten könne man sich in die Wahl versetzt fühlen, «ob man ihn für einen durch irgend ein Wunder auf die Erde herab versetzten Bürger eines anderen Planeten oder für jenen Menschen des Platon nehmen solle, der, unter der Erde geboren und aufgewachsen, erst im Alter der Reife auf die Oberwelt zum Licht der Sonne heraufgestiegen.» Nun sehen wir aber, das Ereignis um Kaspar Hauser liegt sogar noch näher dem Höhlengleichnis, als es Feuerbach formulierte, denn das ist ja das Entscheidende, dass Kaspar Hauser erst im Kindesalter in jene okkulte Gefangenschaft kam und nicht bereits zuvor, genau wie die Gefangenen bei Platon!

Wie es zu Feuerbachs kleinem Fehler kam, wenn wir es so nennen dürfen, das sei dahingestellt, vielleicht war er mit seinen Gedanken entrückt und somit bei anderen vergleichbaren Vorfällen aus der mythologischen, noch vorgeschichtlichen Zeit, vielleicht hatte er auch nur eine ungenaue Übersetzung vorliegen. Gewiss aber ist es höchst verständlich, dass die Kerkerzeit des Kaspar Hauser große Fragen aufwarf, sowohl bezüglich ihres Anfangs und somit ihrer Dauer als auch bezüglich der Frage ihres Motivs. Warum sollte man ein Kind über lange Zeiten in dieser Weise gefangen halten, um es dann in die Freiheit zu entlassen und zuletzt doch zu töten? Wie aber konnte andererseits ein Kind ohne offenkundige Mangelerscheinungen solch eine Tortur überleben? Hätte es an sich nicht sterben müssen? Wie kommt es aber auch, dass Kaspar Hauser sagen kann, er sei, soweit er sich erinnere, immer in diesem Verlies gewesen und habe daher auch gar nicht gewusst, dass es außerhalb seiner selbst noch andere Menschenwesen gab? Erst zu Nürnberg sei er in die Welt gekommen!

Es stimmt, diese Fragen sind nur zu verstehen und Schritt für Schritt zu beantworten durch die okkult-spirituelle Dimension, die uns durch Rudolf Steiner in entscheidenden Ansätzen offenbart wird. Dieses Wissen, so können wir aber auch erahnen, war selbst einem Feuerbach noch nicht gegeben. So ging er ja beispielsweise zu Beginn seiner Forschungen tatsächlich noch davon aus, dass Kaspar Hausers Aufenthalt im Kerker möglicherweise als eine Schutzmaßnahme, als eine Rettung zu sehen war, ähnlich beispielsweise wie wir es durch die Legende um die Errettung Abrahams kennen: Sein Vater Terach schützt ihn vor der Verfolgung durch König Nimrod, indem er den Sohn in einer Höhle versteckt, in der dieser dann für lange Zeiten alleine lebt, sich nur durch seine eigene Ich-Kraft ernährend!

Erst durch seine weiterführenden Studien kommt Feuerbach dann zu der Erkenntnis, dass kein Zweck die angewandten Mittel heiligen könne, sprich: keine Schutzmaßnahme könne solch ein Eingekerkert-sein rechtfertigen.

Durch das erwähnte Zitat Rudolf Steiners können wir also deutlich verstehen, dass es gerade nicht darum ging, das Kind im Kerker sterben zu lassen. Es sollte tatsächlich leben, aber eben in einem Zustand des Weder-noch, in einem, so müssen wir sagen, Lebendig-begraben-sein! Diese Tatsache ist von allerwichtigster Bedeutung, um auch das Verbrechen am Seelenleben des Menschen heute verstehen zu können!

Und so gehen einige anthroposophische Kaspar-Hauser-Forschungen davon aus, dass das Kind tatsächlich willentlich erst mit etwa vier Jahren in die okkulte Gefangenschaft gesetzt wurde, da es sich andernfalls an einem zu frühen Zeitpunkt doch hätte exkarnieren können. Nun, die Frage ist zu komplex, als dass ich mir erlauben könnte zu sagen, dass dem nicht so war. Und doch gehe ich in meinem Verständnis davon aus, dass das komplexe politisch-dynastische Verbrechen eine Art «Störfeld» hervorgerufen hatte, sodass die okkulten Gegenkräfte das Kind tatsächlich erst zu diesem späteren Zeitpunkt ausfindig machen konnten. Denn auch sie mussten einerseits ja erst einmal erkennen, dass der zu Michaeli 1812 in Karlsruhe geborene Erbprinz gar nicht gestorben war, wie es offiziell vorgegeben wurde, um ihn dann andererseits auch wiederum erst ausfindig machen zu können an seinem neuen Aufenthaltsort.

Die beiden Verbrechen unterschiedlicher Natur, das exoterisch-weltliche wie auch das esoterisch-okkulte, sie standen sich also gewissermaßen im Wege und doch dienten sie einander. Aber von einer höheren, geistigen Warte aus betrachtet war dadurch nun tatsächlich doch eine Art Schutz gegeben, durch den Kaspar Hauser überleben und dann in der Welt wirken konnte, wenn auch auf eine ganz andere Weise als er es als Philosophenkönig hätte tun können! Wie aber konnte das möglich sein? Rudolf Steiner sagt es ganz deutlich. Nachdem er von dem Experiment und dem großangelegten Versuch spricht sowie von der Ichheit, die in einem Zwischenreich in geistiger Verbannung bleiben sollte, sagt er: «Dieses Experiment aber glückte nicht». Das ist einer der entscheidenden Sätze Rudolf Steiners zu Kaspar Hauser. «Dieses Experiment aber glückte nicht, und darum musste Kaspar Hauser sterben. Sie [die Gegenkräfte] mussten erleben, wie durch ihr Experiment gerade erreicht wurde, was sie zu verhindern strebten!»

Das aber ist ein großes Mysterium! Sie sehen, die Kaspar Hauser Thematik sprengt förmlich unsere Erkenntnisfähigkeit und weitet sie. Ja, wir müssen sehr weit werden, um ihm durch unsere Erkenntnis gerecht werden zu können!

Wie leben nun diese von der wahren Bildung gewaltsam entfernten Menschen bei Platon? Wie sieht ihr Leben aus? Mit was beschäftigen sie sich? Sie spielen, wenn man diese von ihnen verübte Tätigkeit Spiel nennen will! Und hier dürfen wir den Hut ziehen vor Platons visionärer Kraft, denn er beschreibt eine spielerische Tätigkeit, die heute, fast 2500 Jahre nachdem das Gleichnis gedacht wurde, zu einer der maßgebenden, kulturprägenden Beschäftigungen unserer Zeit geworden ist: das Ratespiel! Ja, er beschreibt exakt, wie die Menschen in ihrem Müßiggang Zerstreuung suchen und dabei die Fähigkeit entwickeln, durch die Abfolge unterschiedlicher, vorüberziehender Schatten zu schlussfolgern auf den nächsten Schatten, der dann in Erscheinung zu treten habe. Nehmen wir an, nach den Schatten zweier Tische, eines Speers, eines Stuhls und erneut zweier Tische würde immer eine Vase vorüberziehen und einer der Gefangenen würde dies erkennen und in diesem Erkennen schneller sein als alle anderen – und nehmen wir an, ihm gelänge dies vielleicht gar mehrere Male hintereinander, dann würde nichts mehr im Wege stehen, ihn zum Ratekönig zu ernennen. Und hohes Ansehen wäre ihm gewiss! Anstelle also des Philosophenkönigs, der aus seiner Weisheit heraus Verantwortung für seine Mitmenschen übernimmt, herrscht der Ratekönig! Und in fernen Zeiten, in ein paar Jahrtausenden vielleicht, wenn man dann auf unsere Zeit zurückblicken und Abertausende an Ratespielen vorfinden wird, die über Hunderte Fernsehkanäle vierundzwanzig Stunden am Tag und sieben Tage in der Woche ausgestrahlt und ausgefochten werden, dann wird man sich denken, so schlecht kann es um den damaligen Menschen gar nicht gestanden haben, sonst hätte er seine Zeit doch sicherlich anders zu nutzen gewusst!

Auch Kaspar spielt in seinem Kerker, aber welch Gegensatz liegt in diesem Fall vor zu dem Spiel der Höhlenbewohner Platons! Es ist das vielleicht herzergreifendste Spiel, das wir aus der neueren Menschheitsgeschichte kennen, tradiert durch das spielende Kind selbst. Kaspar beschreibt, wie er in dem Kerker sein Holzpferd tagein, tagaus mit bunten Bändern schmückt, wie er ihm tagein, tagaus vom Brot zu essen gibt, bevor er selbst davon isst, wie er tagein, tagaus dem Pferd vom Wasser zu trinken gibt, bevor er selbst davon trinkt! Dieses zeitlose Geschehen gleicht beinahe einem Kultus und ist an sich nur meditativ zu greifen. Die amerikanische Sängerin Susan Vega hat in ihrem Lied über Kaspar Hauser einen wunderbaren Vers hierfür gefunden: «What was wood became alive, what was wood became alive.»

Es ist doch bezeichnend, dass beide Male, bei Kaspar und beim Höhlengleichnis, das Spiel von entscheidender Bedeutung ist. Das lässt uns ein weiteres Mal an Schiller denken, der die ungeheuerliche Aussage tätigt: «Der Mensch spielt nur, wo er in voller Bedeutung des Wortes Mensch ist, und er ist nur da ganz Mensch, wo er spielt.»

Damit ist aber sicherlich nicht die grausame Infantilisierung unserer Gesellschaft gemeint, die Platon in seinem Gleichnis bereits großartig vorwegnimmt! Nein, es ist das lebendige und somit freie Weben und Verbinden genau jener Welten gemeint, die im Gleichnis in so plastischer Klarheit abgebildet sind, dem Pol der Ideen und dem Pol der Materie!

Der Mensch ist eben kein Entweder-oder; er ist aber auch kein Weder-noch, sondern er ist ein Sowohl-als-auch. Daher ja wollen die gegen des Menschen Entwicklung wirkenden Kräfte ihn just zu einem Weder-noch machen, «nicht reine Geistgestalt und nicht reiner Erdenmensch», was exemplarisch an Kaspar Hauser vollzogen hat werden sollen!

Und somit kommen wir nun endlich zu dem Moment, in dem wir die Höhle verlassen können!

Dieses Verlassen aber geschieht bei Platon nicht freien Willens. Auch bei Kaspar Hauser nicht. Es geschieht beide Male explizit gegen den Willen des Gefangenen unter Einwirkung von Gewalt! Denn als man Kaspar Hauser dann in Nürnberg untersucht, finden sich an seinem Leib tatsächlich Spuren von Stockschlägen! Und beide Befreiungsaktionen dürfen an sich juristisch nicht als solche bezeichnet werden, denn beide Male liegt an sich eine Aussetzung vor. Das ist es, was Feuerbach in seinem Werk *Kaspar Hauser oder Beispiel eines Verbrechens am Seelenleben des Menschen* in aller Deutlichkeit sagt: Hier liegt eine Aussetzung und somit eine Straftat vor! Und beide Aussetzungen verursachen eine enorme Folge an Schmerzen. Platon beschreibt es eindrücklich, von Kaspar Hauser wissen wir es unmittelbar; beginnend mit seinen blutigen Füßen, die, in Stiefel hineingezwungen, mit jedem zu erlernenden Schritt immer größere Schmerzen zu ertragen hatten, bis hin zu dem stechenden Schmerz Tausender auf ihn einschlagender Sinneseindrücke! Und selbst zu einer Zeit, als all diese eher physischen Schmerzen bereits überwunden waren, geschieht bei Kaspar Hauser genau das, was Platon von seinem Protagonisten beschreibt: Er sehnt sich zurück in seinen Kerker, in seine Höhle! «Und überhaupt sei es ihm», so Kaspar Hauser, «da viel besser gegangen als auf der Welt, wo er so viel zu leiden habe.»

Das ist schmerzhaft und vielleicht kaum nachzuvollziehen für uns, denn, ist es nicht ein furchtbares Armutszeugnis unserer Zivilisation, wenn die Einzelhaft im Kerker als angenehmer gesehen wird als das Leben in der Welt? Heutzutage gibt es tatsächlich neue Krankheitsbilder, wie beispielsweise das als Hikikomori bezeichnete, in dem Abertausende an Jugendlichen sich ebenfalls lieber in die Höhle ihres verdunkelten Zimmers einschließen, als irgendeinen Kontakt zur Außenwelt zu pflegen!

Von all den schmerzhaften, neuen Erlebnissen, sowohl bei Platon als auch bei Kaspar Hauser, ist es aber insbesondere das Auge und somit der Sehsinn, der die größte Aufmerksamkeit hervorruft! Auch Kaspar hatte in seinem Kerker, neben den unmittelbaren Eindrücken seines Pferdes, der bunten Bänder, seines Strohlagers, seines Wasserkruges und seines Brotes, einen Schatten erblicken können, den wir durch ihn selbst, ins Künstlerische potenziert, vermittelt bekommen. Denn es gab wohl einen Fensterschacht in seinem Verlies, der aber zu tief war, als dass Kaspar das Tageslicht und den Himmel unmittelbar hätte sehen können. Und in diesem Schacht, etwa mittig, da war ein metallenes Gitter angebracht, in der Gestalt einer Pflanze. Diese «eiserne Pflanze» nun muss wohl, je nach Sonnenstand, ab und an auf der gegenüberliegenden Mauer einen zarten ätherischen Abdruck hervorgerufen haben. Denn als Kaspar Hauser dann in Nürnberg das Zeichnen und Malen erlernte – und er erlernte es akribisch –, da schuf er auch das Aquarell einer Pflanze, die in ihrem Blattstand eine doch sehr auffallende Ähnlichkeit zu diesem eisernen Gitter aufzeigt, das man längstens auch im Schloss Pilsach in der Oberpfalz ausfindig machen konnte! Ist das nicht eine herrliche Metamorphose von Kaspars «Urpflanze», und ein Triumph des Künstlerischen über das Lebensverneinende?

Kaspars Sehvermögen wies dann, neben all dem Schmerz, den es verursachte, auch eine Reihe von Besonderheiten auf, wie beispielsweise die ungeheuerliche Schärfe seines Sehens selbst in großer Distanz sowie die Fähigkeit, bei völliger Dunkelheit Farben unterscheiden zu können. Ja, selbst das Lesen, das er dann Schritt für Schritt erlernte, nahm er lieber bei Dunkelheit vor als bei Licht! Und noch etwas Außerordentliches geschah. Als er noch im «Turm Luginsland» verweilte, dem Nürnberger Gefängnis, da wollte ihm einmal ein Mann eine Freude machen, öffnete den Fensterladen und zeigte ihm die weite Landschaft. Daraufhin aber sagte Kaspar: «Garstig, garstig!» Eine längere Zeit später wurde Kaspar nochmals auf diesen Vorfall angesprochen und gefragt, warum er damals die Landschaft als garstig empfunden habe. Seine Antwort war, dass das Bild, das er zu Gesicht bekam, so gewesen sei, als habe ein Maler all seine Farben auf einer Palette nebeneinander ausgedrückt. Er konnte also zu diesem frühen Zeitpunkt die Landschaft in ihrer Tiefe noch nicht erkennen, da er des perspektivischen Sehens noch nicht fähig war. Wenn wir nun aber auf die gefesselten Menschen bei Platon blicken, dann wissen wir, auch sie haben keine Fähigkeit, perspektivisch zu sehen, denn sie haben keine Perspektive. Diese Menschen haben keine Perspektive!

Wir lernen aber auch Kaspar Hausers Freude kennen, die er dank seiner neuen Entdeckungen empfindet. Die mit ergreifendste Entdeckung seines kurzen Lebens ist dann tatsächlich der Sternenhimmel. Er bricht förmlich in die Knie und weint vor Erschütterung, so schön war es, was er da zu Gesicht bekam. Und bedenken wir die Reinheit des damaligen Nachthimmels und zudem Kaspars überscharf sehendes Auge, dann können wir wohl nicht einmal erahnen, was sich ihm da für ein göttliches Schauspiel offenbarte. Er muss die abertausend Sterne wohl selbst in all ihren Farben gesehen haben!

Doch dann, wie Platon beschreibt, als Krönung, findet sein Auge die Sonne. Und liebt sie! Liebt sie in einer Weise, dass Georg Trakl sein wunderbares Kaspar-Hauser-Gedicht beginnen lässt mit dem Vers: «Er wahrlich liebte die Sonne, die purpurn den Hügel hinabstieg …»

Aber Kaspar Hauser begegnet nicht nur der physischen Sonne, er begegnet auch der geistigen Sonne. Ja, die Begegnung Kaspar Hausers mit der geistigen Sonne ist dann tatsächlich die große, lichte Kulmination seines kurzen Lebens!

Bedenken wir nochmals: die Sonne, die Platon beschreibt, die er nennt «Die Idee des Guten», sie ist eine andere Sonne als die, die Kaspar Hauser vorfindet, denn zwischen beiden Ereignissen, da liegt das Mysterium von Golgatha. Und diesem begegnet nun Kaspar Hauser. Nicht also nur der physischen Sonne, sondern auch der geistigen Sonne begegnet er. Und wir werden sehen, dass daraufhin auch seine Ermordung eingeleitet wird, so wie es bei dem Protagonisten des Gleichnisses geschieht, als dieser seinen ehemaligen Mitgefangenen von der Wahrheit künden will!

Was liegt bei Kaspar Hauser vor? Er bekommt bei Pfarrer Heinrich Fuhrmann ab Oktober 1832 Religionsunterricht, Einzel-Konfirmationsunterricht. Und durch seine ungeheuerlich mitfühlende, empathische Gabe kommt es zu einer tiefen Erschütterung, als er über die Passion Christi unterrichtet wird. In ein nicht zu stillendes Weinen sei er ausgebrochen, so sein Pfarrer Heinrich Fuhrmann. Diese geistig-seelische Begegnung ist von solch einer Qualität, dass Rudolf Steiner darauf Bezug nimmt und sagt, dass «nächst Christian Rosenkreutz Kaspar Hauser am stärksten die Leiden des Christus nachempfunden habe.»

Wie ist das zu verstehen? Nähern wir uns diesem Mysterium, das von entscheidender Bedeutung ist, denn nur dadurch können wir Bewusstsein erlangen darüber, dass Kaspar Hauser seine Mission tatsächlich aufs Schönste hat vollenden können. Zweifelsohne, der Erbprinz, der er war, der konnte seine segensreiche Tätigkeit als Philosophenkönig nicht leben und somit auch nicht vollenden. Als Kaspar Hauser aber, dem Kind Europas, da konnte er seine Mission erfüllen, und dies steht in Zusammenhang mit seiner Begegnung mit der Sonne!

Um diese esoterische Qualität ins Bewusstsein heben zu können, müssen wir uns nun der Weisheit nähern, die wir durch Rudolf Steiner vermittelt bekommen in den Vorträgen, die zusammengefast sind unter dem Titel *Das Prinzip der Spirituellen Ökonomie* im Zusammenhang mit Wiederverkörperungsfragen.

Ich versuche, in ein paar wenigen Sätzen zusammenzufassen, was gerade in Hinsicht auf unser Thema von grundlegender Bedeutung ist: In wichtigen Entwicklungsmomenten der Menschheit kann es dazu kommen, dass die Geistige Welt Höhere Wesenheiten in die Menschheit herunter sendet, um dadurch wichtige, ja notwendige Impulse geben zu können. Solch eine herabsteigende Wesenheit wird genannt ein Avatar. Der aus dem Sanskrit stammende Begriff bezeichnet eben genau dies: das Herabsteigen. Wenn nun ein solcher Avatar sich verbindet mit den Wesensgliedern eines Menschen, so geschieht hierbei ja für die Avatar-Wesenheit ein Opfer. Und damit nun dieses Opfer dennoch in der großen geistigen Ordnung keinen Verlust, sondern eben einen Gewinn zur Folge haben kann, geschieht durch den gegebenen Kräfte-Überschuss der sich herabsenkenden Wesenheit eine Vervielfältigung, ja, eine Anfertigung vielfacher Kopien der entsprechenden Wesensglieder des den Avatar aufnehmenden Menschenwesens. Dies ist eben das, was Steiner das ökonomische Prinzip nennt. Und diese vervielfältigten Wesensglieder, die aus dem Zusammenschluss der Avatar-Wesenheit mit dem erlauchten Menschenwesen hervorgehen, werden in der Geistigen Welt wie aufbewahrt, um sie dann in entscheidenden Momenten auserlesenen Menschen einzuverleiben. Dadurch wird die tatsächliche Weiter-Entwicklung des ursprünglichen Impulses durch die Jahrhunderte gewährleistet.

Die höchste Avatar-Wesenheit ist der Christus. Und durch die Vermählung mit der Wesenheit des Jesus kommt es nun zu den besagten Kopien und zu deren jeweiligen, durch die Zeiten gegebenen Einverleibungen. So gibt Rudolf Steiner exemplarische Einverleibungen an, beispielweise des Ätherleibes in Augustinus, der Empfindungsseele in Franz von Assisi und Elisabeth von Thüringen, der Verstandesseele in den Scholastikern und der Bewusstseinsseele in den deutschen Mystikern wie Meister Eckhardt und Johannes Tauler. Dadurch ist das tatsächliche Voranschreiten des Christus-Impulses im Innersten gewahrt!

Der nächste, allererhabenste Schritt ist dann jener, der mit dem vervielfältigten ICH des Christus Jesus in Verbindung steht! Diesem Mysterium können wir uns nur fragend annähern.

Geschieht nun also durch den auf der Erde weiter voranschreitenden Christus-Impuls in Christian Rosenkreutz der entscheidende Schritt, dass ihm eine Kopie des ICH des Christus Jesus einverleibt hat werden können? Ihm, der bereits einst als Lazarus durch die auf ihn einwirkende Christuskraft vom Tode erweckt wurde? Ihm, der dann als Johannes zu jenem Jünger wurde, den Christus Jesus «lieb hatte» und der dann als einziger der Jünger unter dem Kreuz stand? Ihm, dem Christus Jesus das zukünftige Christentum anvertraute?

Und wenn wir hören, dass Rudolf Steiner Christian Rosenkreutz und Kaspar Hauser angesichts des Nachempfindens der Leiden des Christus in eine Beziehung setzt, so dürfen, so müssen wir auch fragen: was geschieht im Innersten des etwa 21-jährigen Kaspar Hauser durch seine Begegnung, die er mit dem Christus hat?

Brennt sich ihm in der Schwanenritterkapelle zu Ansbach, als er erstmalig Brot und Wein aufnimmt, ebenfalls eine Vervielfältigung ein des erhabensten Wesensgliedes des Christus Jesus, seinem ICH? Ist es nicht diese denkbar tiefste Stärkung, die ihn dann, in aller Erhabenheit, über die Schwelle des Todes zu führen vermag, indem er alle um Verzeihung bittet, selbst aber niemand zu verzeihen habe, da ja niemand ihm etwas angetan habe, da Gott ihm ja immer nur die besten Menschen gegeben habe?

Und liegt hierin nicht das Mysterium verborgen, das Rudolf Steiner zu der Aussage kommen lässt: «Wenn Kaspar Hauser nicht gelebt hätte und gestorben wäre, so wie er tat, so wäre das Band der geistigen Welt zur Erde vollkommen gerissen.»

Denn, was ist denn das größte Band zwischen Himmel und Erde? Es ist der Christus, und diesen galt es, in einer Zeit des enormen Falles in den Materialismus und in die Geistverleugnung, im Innersten aufzunehmen und dadurch zu stärken – in vergleichbarer Weise wie es in Christian Rosenkreutz einige Jahrhunderte zuvor geschah. Dadurch konnte der weitere Aufstieg des Menschen gerettet werden, sodass er weiterhin über sein Ich an der Entwicklung des Geistselbst zu arbeiten in der Lage ist und später dann an der Entwicklung des Lebensgeistes und in weit ferneren Zeiten an der Entwicklung des Geistesmenschen.

Wir stehen also nun im Zenit des kurzen Lebens von Kaspar Hauser, wir stehen auch im Zenit des Höhlengleichnisses. Der Protagonist des Gleichnisses aber kann sich nun nicht sonnen an dem durch ihn ergatterten Platz, so ihm der Mensch am Herzen liegt. Er kann nicht anders, als wieder herabzusteigen, um seinen ehemaligen Mitgefangenen seine Erkenntnisse zu vermitteln!

Darin spricht Platon aber eben auch explizit von seinem Lehrer, der gleich einer Hebamme dem Menschen zum Licht der Wahrheit verhelfen will. Dafür wird Sokrates hingerichtet. Aber auch Feuerbach wird «hingerichtet», als er zur Wahrheit um Kaspar Hauser vordringt. So verschieden aber bereits Feuerbach zu Sokrates ist, umso grundverschiedener ist nun Kaspar Hauser zu Feuerbach und Sokrates. Doch auch er wird «hingerichtet», nicht aber, weil er für die Wahrheit kämpft, noch weil er die Wahrheit lehrt, nein, vielmehr weil er wahr ist! Das Kind, das eine «eingeborene Wahrhaftigkeit» in sich trägt, so Rudolf Steiner, nimmt den «Ich bin die Wahrheit» in einer Weise in sich auf, dass des Menschen Aufstieg zur Wahrheit, sprich zur Sonne, bewahrt bleibt! Das aber war auch sein Todesurteil!

Zu diesem Aufstieg aber kann der Mensch nicht gezwungen werden, wie es noch bei Platon beschrieben wird. Dieser Aufstieg wird aber auch nicht automatisch erfolgen können! Dieser Aufstieg ist einzig und allein möglich anhand der Freiheit des Menschen!

16 Monate nachdem Feuerbach in seinem Werk über Kaspar Hauser diesen in Verbindung zu dem Höhlengleichnis bringt, wird er, unmittelbar nach der Konfirmation des Kindes von Europa, ermordet. Weitere sieben Monate danach ist es Kaspar Hauser, der ermordet wird. Das ist erschütternd, gipfelt Platons Höhlengleichnis doch in der Ermordung des Menschen, der zur Wahrheit findet.

Kommen wir nun zu einer Zusammenschau: Kaspar Hauser ist kein Philosoph. Kaspar Hauser ist Philosophie, fleischgewordene Philosophie! Ein staunendes Kind, umringt von einer Blüte großer Philosophen, wie es seit dem alten Griechenland nicht mehr gegeben war.

In Kaspar Hauser wird das Höhlengleichnis Platons Fleisch! Der Erbprinz, der an sich als Philosophenkönig hätte wirken sollen, wird Opfer eines großangelegten Experimentes, in dem es galt, die große Individualität in einer solchen Weise zu brechen, dass sie, bestmöglich, nie wieder den Menschen impulsieren hätte können. Dadurch sollte die Menschheit an ihrem weiteren Aufstieg signifikant gehindert werden. Das aber misslingt. Und so lebt er und stirbt er dann als Kind Europas in einer Weise, dass er dadurch Bewahrendes zu schaffen vermag: den für einen jeden Menschen weiterhin möglichen Weg, bis zum fernen Geistesmenschen aufsteigen zu können.

Kommen wir nun noch zu der Betrachtung, warum die «Fleischwerdung des Höhlengleichnisses», wenn wir es so nennen dürfen, just in den Zeiten des frühen neunzehnten Jahrhunderts geschah?

Es ist schon erstaunlich, dass zwischen Gleichnis und Kaspar Hauser fast genau der Zeitraum liegt, der einem Zwölftel des platonischen Jahres entspricht und der somit die Dauer beschreibt einer Kulturepoche: 2160 Jahre! Erstaunlich auch, dass knapp 400 Jahre nach dem Beginn der vierten nachatlantischen Kulturepoche, in der es vorrangig um die Entwicklung der Verstandesseele geht, durch Platon das Gleichnis in die Welt gelangt. Knapp 400 Jahre aber nach Beginn der fünften nachatlantischen Kulturepoche, in der es nun um die Bewusstseinsseelenentwicklung geht, da erscheint Kaspar Hauser in der Welt!

Erstaunlich auch, wie stark zu Zeiten Kaspar Hausers ein Wiederaufblühen des alten Griechenlands vorliegt! Und viele alte Griechen waren wieder inkarniert. So erkennt Schiller Goethe als einen solchen, Hölderlin ist mehr Grieche als Deutscher, und Platon selbst, das verdanken wir Rudolf Steiners Erkenntnis, findet 1825 zu einer weiteren Inkarnation, um später dann in Wien zu Rudolf Steiners Lehrer zu werden! Und so ist es eben auch äußerst bezeichnend, dass die epochale, fünfbändige Übersetzung von Platons Werk durch Friedrich Schleiermacher in den Jahren 1804 bis 1828 geschieht! Als er seine Arbeit beendet und somit das Höhlengleichnis in deutscher Sprache vorliegt, da wird zu Pfingsten in Deutschland, dem wiederinkarnierten alten Griechenland, Kaspar Hauser «geboren».

Auch sprach ich zu Beginn des ersten Vortrages davon, dass all das große Wirken von Sokrates, von Platon und Aristoteles in gewisser Hinsicht ja die Signatur Michaels ist, der damals bereits Zeitgeist war. Mit Kaspar Hausers Opfergang aber wird Michaels neue Regentschaft vorbereitet und eingeleitet, erwähnt Rudolf Steiner doch das Jahr 1840, genau sieben Jahre also nach dem Tode des Kindes von Europa, als das Jahr, von dem an Michael sich anschickte, erneut zum Zeitgeist aufzusteigen!

Wir wissen aber auch, dass mit dem Beginn des Bewusstseinsseelenzeitalters eine wachsende geistige Reife und Mündigwerdung des Menschen einhergehen hätte müssen. Dies aber geschah in nicht ausreichender Weise, sodass tatsächlich im frühen 19. Jahrhundert eine enorme Not angewachsen war. Wie groß diese Not war, zeigt nicht nur die Aussage, dass das Band zwischen der geistigen Welt und der Erde hätte reißen können, sondern auch die Erkenntnis, die uns Rudolf Steiner in seinen Londoner Vorträgen vermittelt, in denen er von dem «geistigen Erstickungstod des Christus im Ätherischen» spricht. Dieser Schritt war die Folge davon, dass der Christus im Ätherischen die «schwarze Sphäre des Materialismus» zu absorbieren und zu verwandeln hatte, die durch den Menschen nachtodlich in die geistige Welt gelangt war.

Wie weit der Mensch sich von seiner bewusst zu erringenden Ebenbildlichkeit Schritt für Schritt entfernte, spiegelt sich insbesondere auch an einigen technischen Errungenschaften jener Zeit wider, wovon ich eine exemplarisch hervorheben will.

An was erinnert uns denn das Ereignis um Kaspar Hauser? Aus der Dunkelheit des Kerkers heraus wird er, in all seiner Lichtempfindlichkeit, für eine kurze Zeit dem Licht der Sonne ausgesetzt, bevor er wieder in die Dunkelheit des Grabes zurückgestoßen wird. Dieser Bruchteil einer Sekunde, historisch gesehen, aber reicht, dass sich an ihm eine Art Momentaufnahme zeigt, auf der sich die großen Fragen der «conditio humana» abbilden. Es ist das Wesen der Fotografie, das hier mitschwingt. Seit Jahrtausenden hatte sich der Mensch ihr schon in gewisser Weise gewidmet, beispielsweise anhand der «Camera Obscura», und kein Geringerer als Aristoteles war es, der damit forschte. Und doch war es eben niemals möglich gewesen, das Abbild zu fixieren und zu konservieren. Schob sich eine Wolke vor die Sonne, so verschwand auch wieder das eben noch vorhandene Abbild in der «Camera Obscura». Just aber in der Zeit des anfänglichen 19. Jahrhunderts gelang es dann den Brüdern Niépce in Paris, erstmalig ein Direktpositiv herzustellen. Anhand einer mit Asphalt lichtempfindlich gemachten Zinnplatte konnte erstmals ein Abbild fixiert und für die Nachwelt konserviert werden. Dies geschieht 1827. Kurz darauf tritt Kaspar Hauser in die Welt, gleich einem Urbild des Menschen an sich, so wurde er zu Beginn in Nürnberg erlebt! Und Karl König nennt ihn gar den «Bewahrer der Ebenbildlichkeit Gottes». Kommt uns da nicht der großartige Vers aus Friedrich Hölderlins Patmos-Gedicht in den Sinn: *Wo aber Gefahr ist, wächst / Das Rettende auch*.

Was manifestiert sich hier? Nicht, dass dieses Direktpositiv sowie das Wesen der Fotografie für sich eine Gefahr bedeuten, und doch spiegelt sich an ihnen die Signatur einer neuen, aufziehenden Zeit. Denn das Abbild nimmt von da an in rasanter Weise zu, die Ebenbildlichkeit aber gleitet zunehmend weg. Und längstens werden heute in jedem Augenblick, in jedem Bruchteil einer Sekunde Abertausende Abbilder, Myriaden von Abbildern, geschaffen. Hier muss uns der andere großartige Vers in den Sinn kommen, den Goethe seinen Faust sagen lässt, als dieser den Pakt mit Mephistopheles schließt:

Werd ich zum Augenblicke sagen:
Verweile doch! du bist so schön!
Dann magst du mich in Fesseln schlagen,
Dann will ich gern zugrunde gehn!

Exakt das aber ist es, was im frühen 19. Jahrhundert, zur Zeit dieses Verses, geschieht und sich von da an spiegelt in der neuen Technik, die von nun an einen jeglichen Augenblick einzufrieren weiß!

Die Bilder aber, sie lernen mit der Zeit das Laufen, wie man sagt, und es wird der Film geboren. Und nun dürfen wir ein weiteres Mal den Hut vor Platon ziehen, denn sein Gleichnis nimmt die Welt des Kinos exakt vorweg, wie es an der Zeichnung zu sehen ist. Weit über 2000 Jahre bevor das Kino entwickelt wird, wird es durch Platon gedacht. Die Höhlenwand wird zur Leinwand, die Menschen sitzen in Reih und Glied und werfen ihren Blick auf die Projektionsfläche. Hinter ihnen, leicht erhöht, wird in wohlkalkulierter Geschwindigkeit eine Abfolge einzelner Bilder maschinell «vorüber getragen», das Feuer wird ersetzt durch das elektrische Licht. Und selbst der Tonfilm wird von Platon vorweggenommen, denn jene Menschen, die im Gleichnis die Gegenstände vorüber tragen,

Tafelzeichnung zu Platons Höhlengleichnis

sie können sich ja dabei unterhalten, wie er beschreibt, und das Echo ihrer Stimmen käme dann von der Höhlenwand zurück. Die Gefangenen aber, sie würden meinen, die Worte kämen direkt von den Schatten her.

So aber ist es bekanntermaßen auch im Film. Hinter der perforierten Leinwand sind die Lautsprecher positioniert, durch die der Ton hervorkommt. Doch der Zuschauer wird das Wort, das aus dem Munde Humphrey Bogarts zu kommen scheint, unbedingt für dessen soeben gesprochenes Wort halten wollen, obwohl er genau weiß, dass der abgebildete Schauspieler an sich nur stumm seine Lippen bewegt. Im synchronisierten Film ist es dann nicht einmal mehr derselbige Mensch, der da spricht.

Und auch das Kino wächst aus seinen Anfängen heraus: die Leinwand wird zur allumspannenden Kuppelleinwand, der Ton zu einem allumspannenden Surround-Sound! Und durch Spezialbrillen wird suggeriert, dass es doch eine Perspektive gibt! Dann, als weiterer möglicher Schritt, werden die Kinogäste gar, aus ihrem freien Willen heraus, an ihre Sessel gefesselt, sodass sie aus diesen nicht herausgeschleudert werden können. Denn das würde passieren, wenn beispielsweise eine rasante Kamerafahrt abrupt zum Halten käme. Das Gehirn würde dies nicht mehr als nicht real differenzieren können und der Mensch würde aus dem Sitz herausgeschleudert!

Und auch das Abbild bleibt nicht unschuldiges Abbild, sondern der Weg führt direkt weiter: Vom Abbild ins Zerrbild und vom Zerrbild ins Gegenbild! Und so ist heute bereits auf den Millionen Leinwänden der Welt eine Hässlichkeit zu sehen, eine abgrundtiefe Hässlichkeit, die aber nicht bloß virtueller Schein ist, sondern tatsächlicher Ausdruck ist dessen, wie es um das Innerste des Menschen steht. Und es tummeln sich auf den Höhlenwänden der Welt seltsame, befremdende Wesen, die weder mehr rechtens Mensch sind noch Tier noch Maschine! Das «Weder-noch», zu dem man Kaspar Hauser exemplarisch machen wollte, es ist weit fortgeschritten!

Sehr geehrte Damen und Herren, liebe Freunde!

Das Band aber, es ist nicht gerissen, sagt Rudolf Steiner, dank des Opfers Kaspar Hausers. Übersetzen wir diesen Begriff in das Bild des Höhlengleichnisses, so dürfen wir sagen: Der Durchgang ist nicht verschüttet, er steht offen, dank des Opfers Kaspar Hausers. Das ist das alles Entscheidende an diesem ganzen Bild: Der Durchgang ist offen! Und so lange er offen ist, ist nichts verloren, trotz allem, was verloren ist!

Ich danke Ihnen von Herzen!

Vortrag in Copake, Columbia County,, USA, 2.11.2019

KASPAR HAUSER UND PARZIVAL

Vortrag I

Liebe Freunde!

Was für eine Freude, ein weiteres Mal an diesem schönen Ort mit Euch vereint zu sein, um ein weiteres Mal über Kaspar Hauser sprechen zu können! Ich möchte all jenen von Herzen danken, die auch dieses zweite Festival durch ihren Einsatz möglich gemacht haben. Und ich möchte Ihnen danken für Ihr Interesse, für Ihre Anteilnahme an jener Wesenheit, die den Namen Kaspar Hauser trägt. Eine Wesenheit, die, wie ich bereits 2017 an dieser Stelle sagte, eines der größten Mysterien ist seit dem allergrößten Mysterium, dem von Golgatha! Und je tiefer wir uns Kaspar Hauser widmen, desto mehr zeigt sich, wie zutiefst er mit diesem größten Mysterium in Verbindung steht. Ja, Kaspar Hausers wahre Bedeutung für die Menschheitsgeschichte ist tatsächlich nur zu verstehen mit Blick auf das innerste, das esoterische Christentum!

Und ich möchte mich auch ein weiteres Mal bei Ihnen herzlich bedanken für Ihr Verständnis, dass ich meine beiden Vorträge als Vorlesungen halten werde, da meine Englischkenntnisse noch nicht reif genug sind, frei über die Komplexität dieser Wesenheit zu sprechen. Vielleicht wird dies dann bald der Fall sein können!

Wenn etwas so Außerordentliches geschieht wie in Kaspar Hauser, so suchen wir manchmal nach Anhaltspunkten, um dadurch Orientierung und Hilfe zu bekommen, dieses Außerordentliche ganz ins Bewusstsein heben zu können. Wir halten Ausschau und suchen nach Ähnlichem, nach Parallelen, nach möglichen Vergleichen. Und dabei kann unser Blick fallen auf Parzival. Eine Wesenheit, die ebenfalls nur durch das innerste, das esoterische Christentum zu erkennen ist! Und anhand einer weitführenden Betrachtung und Gegenüberstellung beider Wesenheiten, zu der ich Sie heute einladen möchte, werden wir dann tatsächlich erkennen können: So außerordentlich Kaspar Hauser ist, so steht er dennoch nicht außerhalb einer Ordnung. Aber es ist zweifelsohne eine sehr hohe Ordnung, durch die allein es möglich ist, ihn zu erkennen.

Eine gewichtige Quelle, in der Rudolf Steiner bereits Kaspar Hauser einmal mit Parzival in eine gewisse Verbindung setzte, stammt aus dem Gespräch, das er 1916, mitten im ersten Weltkrieg, mit dem Grafen Polzer-Hoditz führte. Darin sagt er: «Süddeutschland hätte werden sollen die neue Gralsburg der neuen Geistesstreiter und die Wiege künftiger Ereignisse. Wohlvorbereitet war der Geistesraum durch alle jene Persönlichkeiten, die wir als Goethe, Schiller, Hölderlin, Herder usw. kennen. Kaspar Hauser sollte wie um sich herum sammeln all das, was da lebte in diesem so vorbereiteten Geistesraum.»

Kaspar Hauser hätte also als Großherzog von Baden gleich einem Gralskönig das Land regieren können, das wie prädestiniert hierfür war. Schon sein Urgroßvater, Karl Friedrich, der erste Großherzog Badens, war in seiner liberalen und weisen Politik hoch angesehen, und just Persönlichkeiten wie Goethe und Herder waren es, die ihn als einen der führendsten deutschen Fürsten überhaupt anerkannten. Ja, mit Karlsruhe war eine Stadt gegeben, die damals fast als eine geistige Hauptstadt Deutschlands angesehen wurde und die mit ihrer Architektur im Sinne des Sonnenzeichens bis heute von einer außergewöhnlichen Qualität kündet.

Doch, wie wir wissen, wurde Kaspar Hauser daran gehindert, diese Rolle einzunehmen. Es waren einerseits exoterisch-weltliche Machtinteressen anderer Personen, die dazu führten, wie beispielsweise die des Großonkels Ludwig und dessen Stiefmutter Gräfin Hochberg, sowie aber auch esoterisch-okkulte Strömungen beispielsweise westlicher Logen, die eine erwachende Mitte im Sinne einer Gralsburg nicht zulassen wollten. So blieb die von Mitteleuropa ausgehende mögliche Spiritualisierung des Menschen wie auch des ganzen sozialen Organismus aus. Das dadurch entstandene Vakuum bildete dann im 20. Jahrhundert den Nährboden für eine Entwicklung, die aus dem Land von Goethe, Schiller, Hölderlin und Herder die Wiege formte für das, was wir den Gegen-Gral nennen müssen.

Wie aber ist nun die Verbindung zu sehen zwischen Kaspar Hauser und Parzival? Was können wir über Kaspar Hauser erfahren durch die In-Beziehung-Setzung zu Parzival? Der Erste, ein verhinderter «Gralskönig», der dann nach seiner Aussetzung als «Kind Europas» in Erscheinung tritt und unzählige Menschen tief berührt! Der Zweite, ein «tumber» Tor, der es über langanhaltende, beschwerliche Entwicklungswege vermag, bis hin zum Gralskönig aufzusteigen!

Setzen wir also das Ereignis des frühen 19. Jahrhunderts in Bezug zu dem mittelalterlichen Geschehen, wie wir es insbesondere durch Wolfram von Eschenbach kennen, den Rudolf Steiner nicht nur einen Eingeweihten nennt, sondern verstärkt noch einen «wirklich Initiierten»!

In dessen Epos aus dem anfänglichen 13. Jahrhundert hören wir also von der Geschichte, wie der Artusritter Gachmuret im ritterlichen Kampf zu Tode kommt. Er hinterlässt seine Gemahlin Herzeloyde, die schwanger ist. Sie zieht sich daraufhin in die Einöde des Waldes zurück, um dort ihr Kind zu gebären und es vor der ritterlichen Welt des Vaters zu schützen. Doch nach Jahren trifft das herangewachsene Kind in der Tiefe des Waldes dann auf vier Artusritter, deren Anblick ihn tief einnimmt. Er rennt zur Mutter zurück und kündet von seinem Erlebnis. Daraufhin kann sie nicht anders, als ihrem Sohn von dem Vater und dessen Ritterschaft zu erzählen. In dem Kind aber entbrennt nun der innige Wunsch, dem Weg des Vaters zu folgen, und es naht der Abschied. Die Mutter gibt ihm Ratschläge mit auf den Weg sowie Narrenkleidung und eine alte Mähre, in der Hoffnung, dass er verlacht bald zurückkäme. Der Sohn bricht auf und die Mutter stirbt vor Herzensleid den Tod, den er jedoch bereits nicht mehr zur Kenntnis nimmt. Nun folgt eine Vielzahl an Abenteuern, Begegnungen und Erlebnissen, geprägt durch Parzivals «Tumbheit». Auf seinem Weg trifft er auch auf Sigune, seine Cousine, die er jedoch nicht kennt. Sie aber, die gerade den Tod ihres Mannes Schionatulander beweint, erkennt ihn und offenbart ihm seinen Namen. Wie gestärkt dadurch, gewinnt Parzival dann den völlig ungleichen Kampf gegen den Ritter Ither, dessen Rote Rüstung er von nun an trägt. Seine weiteren Wege führen ihn zu Gurnemanz, der ihn durch seine Erziehung einführt in das höfische, fürstliche Leben. Parzival lernt dadurch, verlernt aber auch Entscheidendes. Dennoch gelangt er zu immer größerer weltlicher Reife und vermag gar die Königin Gondwiramur aus ihrer Not zu befreien. Dadurch erhält er sie zur Gemahlin, die ihm zwei Söhne gebiert. Der ältere ist Lohengrin.

Parzival ist nun das, was man einen «gemachten Mann» nennen kann. Und doch gibt es in seinem Inneren eine weitere Suche, die Suche nach seiner Mutter, von der er ja nicht wusste, dass sie bereits gestorben war. Auf dieser Suche nun stößt er unbewusst auf die Gralsburg und erlebt aus nächster Nähe die dortigen Geheimnisse. Er findet jedoch nicht zu der notwendigen Frage, die den Gralskönig Anfortas von seinem Leide erlösen hätte können. So wird er am nächsten Tage aus der Gralsburg verstoßen und verflucht. In seinem Leid trifft er dann abermals auf Sigune, die ihm von seinem großen Versäumnis der nicht gestellten Frage kündet. Nun irrt er in großem Zweifel durch die Welt, bis er nach langen Zeiten auf einen Einsiedler trifft. Es ist Trevrizent, Bruder seiner Mutter.

In einem tiefen Gespräch führt der Einsiedler Parzival dann ein in das Mysterium des Grals. Durch diese Erkenntnis vermag Parzival nun die Gralsburg ein weiteres Mal, nun jedoch bewusst, aufzufinden und die alles erlösende Frage zu stellen. Anfortas wird so von seinem Siechtum befreit und Parzival wird zum neuen Gralskönig ernannt!

Dies ist in aller Knappheit der Hauptstrang von Wolfram von Eschenbachs Parzival-Epos – neben einer Vielzahl weiterer Erzählstränge –, von dem aus auch wir uns nun auf eine Reise begeben, um Kaspar Hauser und Parzival in Begegnung zu bringen.

Was tritt uns unmittelbar in beiden entgegen? Es ist das Urbild, der Archetypus des Toren. Der reine Tor, wie wir ihn auch aus den Märchen kennen, der anhand seiner Herzensweisheit am weitesten auf seinem Wege kommt, bis hin zur Vollendung seines innersten Auftrages! Von Parzival wissen wir, dass er zur Vollendung kam, indem er zum Gralskönig wurde. Und auch Kaspar Hauser, der durch seine Unschuld und Wahrhaftigkeit bestach, dürfen wir immer tiefer erkennen in der Vollendung seines Auftrages, wenn er auch als großherzoglicher Gralskönig verhindert hat werden können. Das ist ja das ungemein Komplexe bei Kaspar Hauser, dass er einerseits an Großem hat verhindert werden können und andererseits doch etwas vollbracht hat, was sogar als noch größer anzusehen ist als das, was er anfangs hätte vollbringen können. Dies drückt sich ja in aller Tiefe aus in Rudolf Steiners so gewichtigem Wort: «Wenn Kaspar Hauser nicht gelebt hätte und gestorben wäre, so wie er tat, so wäre das Band der Geistigen Welt zur Erde vollkommen gerissen.» Daher habe ich auf dem Weg meines nun jahrzehntelang währenden Forschens gelernt, zwischen dem Erbprinzen, der zum Großherzog sowie zum Gralskönig hätte werden können, und dem Kaspar Hauser, der nochmals eine ganz andere Aufgabe hatte, zu unterscheiden. Diese Unterscheidung drückt sich auch aus in den Titeln meiner beiden Vorträge, die ich 2017 hier halten durfte: *Die unerfüllte Mission des Erbprinzen* einerseits und andererseits *Die erfüllte Mission Kaspar Hausers*. Dies aber ist zweifelsohne ein großes Mysterium, das ich jedoch, so mein Anliegen, über die beiden heutigen Vorträge einen entscheidenden Schritt weiter ins Bewusstsein heben will.

Beide sind aber nicht nur ihrem Wesen nach reine Toren, sondern werden explizit zu solchen gemacht. Die Mutter Herzeloyde gibt Parzival Narrenkleider und eine alte Mähre mit auf seinen Weg, in der Hoffnung, dass er verlacht wieder den Weg nach Hause wählen würde. Und selbst als er den Kampf gegen den «Roten Ritter» Ither gewinnt und dessen Rüstung zu tragen beginnt, behält er weiterhin darunter seine Narrenkleider am Leib. Auch Kaspar Hauser wurde mit einem seltsamen Sammelsurium an Kleidung und Accessoires ausgestattet, und sein Anblick in Verbindung mit seinem ungelenken Gang sei «pudelnärrisch» gewesen, so die Bürger, die ihn am 26. Mai 1828 am Unschlittplatz in Nürnberg auffanden.

Beide fallen aber auch auf dem Wege ihrer Sozialisation für einen gewissen Zeitraum aus dem Stand des Toren einige Schritte heraus. Denn durch das, was sie zu lernen haben, verlernen sie zum Teil auch. Bei Parzival ist es die Erziehung Gurnemanz', bei Kaspar Hauser insbesondere die des Lehrers Meyer. Beide geraten auf ihrem Lebensweg etwas ins Wanken, ins Straucheln und fallen aus der Einfalt der «tumbheit» in den «zwifel», den Zweifel. Das macht sie beide wiederum sehr menschlich! Und doch vermögen sie es, auf ihrem weiteren Wege erneut zu einer gar höher potenzierten Einheit zu gelangen, der «saelde». Dies geschieht durch die entscheidenden Begegnungen mit Trevrizent respektive Pfarrer Heinrich Fuhrmann, der Kaspar Hauser im Einzel-Konfirmationsunterricht geistig-seelische Stärkung zukommen lässt.

Ja, Kaspar Hauser und Parzival, sie gemahnen uns beide auch an das gewichtige Wort des Paulus im ersten Brief an die Korinther, das besagt, dass alle Weisheit dieser Welt Torheit sei vor Gott.

Blicken wir nun auf die Frage: Woher kommen sie, Kaspar Hauser und Parzival? Beide treten in die Welt aus einer Zeit der Abgeschiedenheit. Herzeloyde lässt Ihren Sohn aufwachsen in jener Waldeseinsamkeit, die den Namen trägt: Soltane. Es sollte für das Kind wie ein Schutzraum sein vor der gefahrbringenden Welt des Vaters. Dieses Heranwachsen des Kindes in einem geschützten Freiraum ist nun wichtiger Bestandteil pädagogischer Fragen und berührt gewissermaßen auch den leicht missverständlichen Begriff der sogenannten «negativen Pädagogik» von Jean-Jacques Rousseau – also einer Pädagogik, die weniger «erziehen» will als eben die im Kind gegebenen Potenziale zur Entwicklung kommen lassen und mithin freilegen will. Somit ist der Begriff der *Soltane* ganz besonders auch in der Heilpädagogik von hoher Relevanz.

Auch bei Kaspar Hauser ging der große Jurist Anselm Ritter von Feuerbach anfänglich davon aus, dass das Kind zum Schutze versteckt gehalten wurde. Erst als sich ihm das Verbrechen immer deutlicher in seiner Grausamkeit aufzeigte, erkannte Feuerbach, dass kein Zweck die eingesetzten Mittel rechtfertigen könne. Darf man also bei Kaspar Hauser überhaupt den an sich wohlklingenden Begriff der Abgeschiedenheit wählen, den wir insbesondere durch das Denken Meister Eckhardts kennen? An sich nicht, denn es ist selbstverständlich ein perfides Verbrechen. Und doch sehnte sich ja Kaspar Hauser ab und an in seinen Käfig, seinen Kerker zurück. Dies ist ein an sich erschütterndes Armutszeugnis für die Zivilisation, die er außen in der Welt vorfand und die ihm offenkundig so wenig zu geben vermochte. Denn in seinem Verlies kannte er den Schmerz aus der zeitlosen Zeit der Gefangenschaft anscheinend nicht, und er kannte auch nicht das Wünschen. Jetzt in der Welt aber, so sagte er, habe er so viele Wünsche, worunter er litt. Trotzdem es ein Verbrechen war, gleicht diese Zeit doch auch einem hermetischen Prozess, in dem etwas gerade anhand des Abgeschlossen-seins zur Reifung gelang. Denn es ist ja ein Verbrechen, das ihn seltsamerweise tatsächlich nicht zerstören hat können, so wie es an sich beabsichtigt worden war. Ja, es war beabsichtigt, ihn auf das Grausamste zu zerstören, wie wir es durch Rudolf Steiners Hilfe erkennen können. Es war, so sagte er in jenem bereits erwähnten Gespräch, «ein Experiment, ein großangelegter Versuch, um jene Individualität von ihren Aufgaben zu trennen, sie in einem Zwischenreich zu halten. Die Ichheit dieses Wesens sollte nicht durchdringen können ihren Leib, sollte draußen bleiben in einem Zwischenreich, nicht reine Geistgestalt und nicht reiner Erdenmensch. Von ihren Aufgaben abgelenkt und wie in geistiger Verbannung bleiben. Das heißt, einen Leib zu formen, aber nicht tätig, als Ichheit, ihn ergreifen können.» Das Mysterium aber ist, dass Kaspar Hauser eben nicht nur nicht auf diese angestrebte Weise zerstört hat werden können, sondern dass er gar wie potenziert aus dem Verlies hervorkam. Engelsgleich, so wirkte er auf seine Zeitgenossen! Ja, wir dürfen lernen, die an sich grausame Zeit von bis zu zwölf Jahren Gefangenschaft in einem erweiterten Bewusstseinslicht zu sehen, in dem ganz Entscheidendes geschah!

Parzival und Kaspar Hauser – beide also treten als Toren aus einer jeweils sehr markanten, wenn auch verschieden gearteten Zeit der Abgeschiedenheit in die Welt, und sie tun es im Urbild des Kindes! Das ganze Gralsmysterium ist zutiefst verbunden mit diesem Urbild, wie wir es im neunten Buch des Wolfram von Eschenbach auch erfahren. Da heißt es bezüglich derer, die für des Grales Dienst bestimmt sind: «So viel dort der Erwachsenen sind, sie kamen alle hin als Kind.» Dies berührt auch etwas von jenem gut bekannten Satz aus dem Matthäus-Evangelium, der besagt: «Wenn ihr nicht umkehrt und werdet wie die Kinder, werdet ihr nicht in das Himmelreich hineinkommen». Auch Kaspar Hauser trägt das Urbild des Kindes in sich. Trägt es gar in einer Weise in sich, dass er ab etwa 1830 sogar zum «Kind Europas» wurde. Ein Name, der interessanterweise nie mehr von ihm wich. Er, der selbst verneinte, jemals Kind gewesen zu sein. Denn als er erstmalig Kinder in Nürnberg zu Gesicht bekam, da fragte er, was dies denn für kleine Menschen seien. Daraufhin bekam er zur

Antwort, dass dies Kinder seien und dass auch er einst ein Kind gewesen sei. Dies aber verneinte er auf das Hartnäckigste. Er sei immer so gewesen wie er jetzt sei! Er sei erst in Nürnberg zur Welt gekommen! Das sind sehr wichtige Worte aus seinem Munde, die wir lernen müssen, für wahr zu nehmen und die wir im heutigen zweiten Vortrag noch mehr ins Bewusstsein heben wollen. 1833 stirbt er dann 21-jährig und stirbt doch als Kind.

Was sind Kaspar Hauser und Parzival für Kinder? Sie sind beide verwaist, auch ein wichtiges Motiv! Als Kaspar Hauser in die Welt trat, war sein Vater bereits seit zehn Jahren verstorben, seine Mutter lebte noch und doch wird er zum Inbegriff des Verwaisten an sich. Parzival war, als er in die Welt trat, tatsächlich eine Vollwaise. Mehr aber noch: Wenn wir auf esoterische Weise auf sie blicken, dann erkennen wir in beiden den «Sohn der Witwe», ein gewichtiger Begriff.

«Sohn der Witwe» ist eine Bezeichnung, die einigen Eingeweihten der nachatlantischen Zeit beigelegt wurde, so vor allem Mani, der dann in Parzival reinkarniert, aber auch Hiram Abif, dem Baumeister des Salomonischen Tempels, der später dann als Lazarus/Johannes – Christian Rosenkreutz – Graf St. Germain wiedergeboren wird. Da im Esoterischen die Seele mit dem Begriff der Mutter gleichgesetzt wird, verweist der Begriff «Sohn der Witwe» also auf die vom Göttlichen verlassene, gleichsam verwitwete menschliche Seele, die das Licht der Wahrheit in sich selbst suchen muss, um das Geistige in individueller Form neu aus sich heraus gebären zu können. Interessant hierbei ist, dass wir durch Rudolf Steiner wissen dürfen, dass jener Zweitgenannte, Christian Rosenkreutz, seine Initiation im Jahre 1459 durch jenen Erstgenannten, Mani, erhalten hat, die mit einer tiefen Einsicht in das Wesen und die Aufgabe des Bösen in der Welt verbunden ist! Und bei Kaspar Hauser, der wiederum tief in Verbindung zu sehen ist mit dem Grafen St. Germain, da begegnen wir der Wirksamkeit des Bösen in einer vielleicht bis dahin so noch nie dagewesenen Dunkelheit!

Wie wirken nun Kaspar Hauser und Parzival in ihrem Erscheinungsbild auf ihre Mitmenschen? Da finden wir bei Wolfram von Eschenbach zwei sehr bezeichnende Stellen. Im dritten Buch des Parzival-Epos ist zu lesen, wie die Artus-Ritter, die in der Tiefe des Waldes auf den Jungen treffen, diesen erleben: «Ein schön'res Menschenbild als ihn sah man nicht seit Adams Tagen». Und später dann, als Parzival bereits auf seinen Wegen durch die Welt ist, da begegnet ihm ja seine Cousine. Hier können wir lesen: «Da sprach Sigune: Du hast Tugend. Geehrt sei deine süße Jugend. Dein holdes Antlitz engelgleich.» Diese beiden Zeugnisse bezüglich des Erscheinungsbildes Parzivals stimmen aber in fast erschreckender Weise mit dem überein, wie Augenzeugen Kaspar Hauser beschreiben!

Denn Freiherr Gottlieb von Tucher, der zum offiziellen Vormund des Findlings erwählt wird, teilt bezüglich Kaspar Hauser mit: «So wie ich diesen Menschen gefunden und geschildert habe, mit seiner natürlichen, unmittelbaren Reinheit und Selbstbewusstlosigkeit, gab er im vollkommensten Grade das Bild des ersten Menschen im Paradiese vor dem Sündenfall.» Und Anselm Ritter von Feuerbach, Präsident des Appellationsgerichtes zu Ansbach, er sieht in Kaspar Hauser gar ein «Abbild des Ewigen in der Seele eines Engels.» Das ist doch erstaunlich!

Wie können diese beiden wichtigen Augenzeugen zu solch ungemeinen Aussagen kommen? Was muss in Kaspar Hauser vorliegen, dass solche Worte gewählt werden, um das Außerordentliche zu beschreiben?

Sowohl Parzival als auch Kaspar Hauser bringen uns durch die Wahrnehmung der Artusritter respektive des Barons von Tucher in Berührung mit dem, was wir Lemurien nennen! Und was Sigune beziehungsweise Anselm Ritter von Feuerbach bekunden, es erhebt die Frage nach der Hierarchie, die ihnen in den jeweiligen Wesen entgegentritt!

Das steht in hochinteressanter Beziehung zu dem, was wir von Rudolf Steiner kennen. Auf die Frage hin, ob er, Rudolf Steiner, eine Vorinkarnation Kaspar Hausers angeben könne, antwortet er ja mit jenem schwer zu fassenden Wort: Kaspar Hauser sei ein versprengter Atlantier. Nun, wir wissen, Lemurien liegt ja noch weitaus weiter in der Vergangenheit, als dies bei der alten Atlantis der Fall ist, aber ein Atlantier, auch ein versprengter Atlantier, er kann ja durchaus auch bereits schon in der lemurischen Zeit auf der Erde verweilt haben! Wir können also nur erstaunt feststellen: Baron von Tucher erlebt unmittelbar in der Begegnung mit dem Kind von Europa etwas von dem, was Rudolf Steiners Geistesforschung bestätigt: Kaspar Hauser kommt aus einer ganz anderen, weit zurückgelegenen Zeit! Und dies deckt sich auch auf erstaunliche Art mit der poetischen Gabe eines Dichters wie Paul Verlaine, der 1873 einer der wichtigsten Verse der ganzen lyrischen Kaspar Hauser Rezeption schreibt: «Kam ich zu früh, zu spät?» Auch er nimmt wahr, dass Kaspar Hauser an sich nicht jener Zeit zugehörig ist, die wir die fünfte nachatlantische Kulturepoche nennen!

Darüber hinaus ist aber auch die Frage nach dem Engel relevant. Nicht nur Feuerbach wählt bezüglich Kaspar Hauser diesen Begriff. Auch Georg Friedrich Daumer, Kaspar Hausers Lehrer zu Nürnberg und laut Rudolf Steiner letzter Rosenkreutzer, wählt ihn in einer gewagten Formulierung. Als Kaspar Hauser auf dem Sterbebett lag und gefragt wurde, ob er noch jemand etwas zu verzeihen habe, antwortete er ja mit den Worten: «Nein, warum denn, es hat mir doch niemand etwas getan.» Daumer kommentiert diese Antwort mit dem Satz: «Kaspar Hauser starb mit einer Lüge, aber es war die Lüge eines Engels.» Wir verstehen, was er damit sagen wollte.

Und auch bezüglich Rudolf Steiner selbst gibt es den Hinweis, dass er im Kreis der Priester der Christengemeinschaft anlässlich des Theologen-Kurses im September 1924 in Dornach geäußert haben soll, dass Kaspar Hauser ein Engel gewesen sei.

Dies ist eine sehr komplexe Frage, der wir im zweiten Vortrag nachgehen werden, denn zu einfach dürfen wir es uns nicht machen. Ein Engel hat an sich keinen physischen Leib. Und ein Engel kann sich wohl auch schwerlich, aus der alten Atlantis kommend, direkt in die fünfte nachatlantische Kulturepoche hinein inkarnieren, um von da aus als Großherzog Mitteleuropa zu spiritualisieren! Diese Frage nach dem Engel hat bereits zu grotesken Auseinandersetzungen geführt zwischen exoterischen und esoterischen Kaspar-Hauser-Forschern. So klagten Erstere beispielsweise, dass man Kaspar Hauser alles nur Erdenkliche geraubt habe und dass nun auch noch die Anthroposophen daherkämen, um ihm nun auch noch zu rauben, dass er überhaupt Mensch gewesen sei. Nun, sicherlich will dies niemand infrage stellen, und doch ruft Kaspar Hauser ja gerade diese Frage auf: Was heißt es denn nun tatsächlich, Mensch zu sein?

Gewiss aber ist, das dürfen wir bereits an dieser Stelle für wahr nehmen, wie ungemein zutreffend jene andere große Äußerung Feuerbachs ist, dass Kaspar Hauser nämlich «gleichsam das einzige Geschöpf seiner Gattung» sei! Das müssen wir denken lernen: Kaspar Hauser ist im anfänglichen 19. Jahrhundert tatsächlich das einzige Geschöpf seiner Gattung!

Blicken wir nun nochmals auf die anfängliche Bestimmung beider. Auch hier gibt es im dritten Buch des Parzival-Epos einen Vers, der klar zum Ausdruck bringt, was einhergeht mit der Tatsache, dass Parzival in der Einsamkeit des Waldes seine Kindheit zu verbringen hat. Es heißt: «So in der stillen Wildnis ward der junge Königssohn erzogen, um königliches Tun betrogen.»

So ist eben auch Kaspar Hauser, oder sagen wir nun bereits differenzierter, so ist eben auch der Erbprinz, der zu Michaeli 1812 in Karlsruhe geboren war, «um königliches Tun betrogen», indem er aus der Wiege geraubt und über Jahre dann versteckt gehalten wurde, bis hin zu der eigentlichen

Einkerkerung, wohl ab dem Jahre 1816. Und dann wird er im Dezember 1833 ermordet, gerade auch aufgrund der Angst, er könne als nun volljähriger und mündiger Bürger seine möglichen Rechte auf den Thron einfordern. Nein, Kaspar Hauser, wie der Erbprinz dann seit seiner Aussetzung im Jahre 1828 heißt, er sollte keinen weltlichen Thron mehr besteigen und ist doch zutiefst mit der Königswürde des «Menschen an sich» verbunden. Es spricht sich hier aus, was Friedrich Hölderlin, eingedenk der Französischen Revolution, in den gewichtigen Vers goss: «Es ist die Zeit der Könige nicht mehr». Nein, im Zeitalter der fortgeschrittenen Bewusstseinsseelenentwicklung muss das äußere Königsprinzip zurücktreten, auf dass das innere Königsprinzip eines jeden Menschen immer weiter zur Entfaltung kommt. Und diesem dienen – zu jeweiliger Zeit, in jeweiliger Weise – sowohl Parzival als auch Kaspar Hauser!

Schauen wir auf weitere Analogien, um zu einem immer tieferen Verständnis kommen zu können bezüglich des Kindes von Europa!

Nachdem der junge Parzival im Walde auf die Artusritter trifft, da rennt er zu seiner Mutter und kündet voller Begeisterung von dieser Begegnung. Als die Mutter daraufhin nicht anders kann, als von der Ritterschaft des Vaters zu erzählen, da reift augenblicklich in dem Sohn der Wunsch: ich möchte auch ein solchener Ritter werden, wie mein Vater einer gewesen ist! Und zieht in die Welt! Sie hören, es ist der Satz, der berühmte Initialsatz, den man Kaspar Hauser mitgegeben hat auf seinem Weg in die Welt: Ich möchte ein solchener Reiter werden, wie mein Vater einer gewesen ist! Ein seltsamer, ein besonderer Satz. Denn Kaspar Hauser kommt, am Tage des Pfingstfestes, gewissermaßen «im Namen des Vaters» in die Welt. Und der ist, laut der angeblichen Mutter, so schreibt sie in dem *Mägdeleinzettel*, bereits gestorben und sie könne daher das Kind als armes Mägdelein nicht ernähren. Sie sehen, auch hier bereits tritt der Begriff des «Sohnes der Witwe» in Erscheinung.

Das Bild des Ritters respektive des Reiters ist nun aber wieder von urbildhafter Qualität. Es spricht von einer erhabenen Begegnung zweier Wesen zweier Hierarchien, dem Menschen und dem Tier, in der das Tier zum Träger wird des Menschen. Ja, kein Tier – auch das gilt es an dieser Stelle zu würdigen – hat in der Kulturgeschichte dem Menschen ein derartiges Opfer gebracht wie eben das Pferd, sei es beispielsweise in den Kriegen oder auch in der Landwirtschaft. Und nicht uninteressant für uns heute hier Versammelten ist die Tatsache, dass die so umfangreichen Schriften Karl Königs just enden mit einer Betrachtung über das Pferd im letzten Kapitel seines schönen Werkes *Bruder Tier*. Ja, das letzte Kapitel heißt *Bruder Pferd*!

So ist das Pferd eben von größter Bedeutung für Parzival als auch für Kaspar Hauser. Ebenfalls im dritten Buch von Wolframs Epos lesen wir bezüglich Parzival: «Das einzige, was er begehrt und immer wieder, ist ein Pferd».

Als Kaspar Hauser in der Welt erschien, zeigte er sich seltsamerweise recht schnell als ein begabter Reiter, sodass tatsächlich zu Beginn in Nürnberg die berechtigte Frage aufkam, ob er womöglich ein aus einem Zirkus entlaufener Artist sei, was ja durchaus hätte der Fall sein können. Es ist tatsächlich schwer zu ermessen, wie diese Reit-Fähigkeit zu erklären ist. Überlebenswichtig für ihn aber war in der langen Zeit seiner Gefangenschaft tatsächlich ein Pferd, jedoch in Form eines Spielzeugpferdes, das er täglich schmückte und mit Wasser und Brot nährte. Welch anrührendes Bild! Da sitzt ein Knabe «um königliches Tun betrogen» tagein, tagaus, jahrein, jahraus in einem Kerker und schenkt all seine Liebe dem «Bruder Pferd». Da kann einem jenes berühmte Shakespeare-Wort in den Sinn kommen: «A horse, a horse, my kingdom for a horse»! Und tatsächlich, anstelle seines Großherzogtums bekam der badische Erbprinz ein Pferd! Ein Holzpferd, wohlgemerkt!

Schreiten wir nun also weiter hinein in das tief Seelische beider, so finden wir jene erhabene Empfindungsgabe des

Mitgefühls vor, die Richard Wagner in den berühmten Vers kleidet: «Durch Mitleid wissend, der reine Tor»! Die Gabe des Mitgefühls, des Mitleids, der Empathie, und sei es mit einem Holzpferd, sie ist nahezu Quintessenz des ganzen Parzival-Werkes und Quintessenz auch des wahren Christlichen! Und dieser Gabe begegnen wir aufs Höchste potenziert in Kaspar Hauser! Er kann tatsächlich dem Wurm und der Fliege kein Leid antun, denn auch sie wollen leben, sagt er. Er fühlt alles als durch und durch beseelt und sagt daher, als er ein hölzernes Kruzifix sieht, man müsse den Mann doch abnehmen, das tue ihm doch weh! Und als er daran erinnert wird, dass er in Nürnberg in ein Reiterregiment geschickt werden sollte, da antwortet er, dass er ja durchaus Soldat werden wolle, wenn es denn den Krieg nicht gäbe! Gegen etwas oder jemanden zu kämpfen, ist ihm ein Gräuel, für etwas «ritterlich» zu streiten, das erscheint ihm als erstrebenswert! Und an seinen Gefängniswärter aus seiner Kerkerzeit erinnert er sich daher ungern, weil er sich dann vorstellen müsse, was für ein Leid dies für den Gefängniswärter gewesen sein muss, dieses Verbrechen zu begehen! Und auf dem Totenbett, nach dem teuflischen Anschlag, da wird er gefragt, ob er noch jemandem etwas zu verzeihen habe. «Nein, warum denn, es hat mir doch niemand etwas getan» ist die Antwort. Stattdessen bittet er gar die Menschen um Verzeihung, und seinen Pfarrer bittet er, bei der bald folgenden Beerdigung ein Gebet zu sprechen für den Mörder!

Wir gelangen hier über das Mitgefühl auch in Berührung mit dem, was wir die Feindesliebe nennen können, und berühren somit etwas von dem, was wir heute bereits auch schon vernommen haben bezüglich Mani, der in seiner Einweihung des Christian Rosenkreutz eine tiefe Erkenntnis in das Wesen und die Aufgabe des Bösen in der Welt brachte. Ja, in Kaspar Hauser erleben wir das manichäische Prinzip des «Gesundliebens» des Bösen!

Und dies führt uns nun unmittelbar zu dem Mysterium der Frage. Parzival hat sie zu stellen! «Ein anderer sollte *nicht* fragen», so Rudolf Steiner in seinem *Fünften Evangelium*. «Er ist ja bekannt genug, der nicht fragen sollte: der Jüngling zu Sais sollte nicht fragen. Denn sein Verhängnis war es, dass er fragen musste, dass er tat, was er nicht tun sollte, dass er haben wollte, dass das Bild der Isis enthüllt werden sollte. Der Parzival der vor dem Mysterium von Golgatha liegenden Zeit, das ist der Jüngling zu Sais. Aber in jener Zeit wurde ihm gesagt: Hüte dich, dass deiner Seele unvorbereitet enthüllt werden sollte, was hinter dem Schleier ist! – Der Jüngling zu Sais nach dem Mysterium von Golgatha ist Parzival. Und er sollte nicht besonders vorbereitet werden, er soll mit jungfräulicher Seele zum Heiligen Gral hingeführt werden. Er versäumt das Wichtigste, da er das nicht tut, was dem Jüngling zu Sais verwehrt war, da er nicht fragt, nicht sucht nach der Enthüllung des Geheimnisses für seine Seele. So ändern sich die Zeiten im Laufe der Menschheitsentwickelung.»

Doch anhand der durch Trevrizent geschehenden Einweihung in das Wesen des Grals, wenn ich den Begriff «Einweihung» so gebrauchen darf, und indem er vor Gott zu Parzivals Bürgen wird, vermag dieser die Gralsburg, nun bewusst, aufzufinden und die erlösende Frage zu stellen. Diese Frage hat solch ein Gewicht, das wir den wichtigen Begriff kennen der Parzival-Frage, also jener Frage, die wie entscheidend, ja lebensentscheidend für eine Seele ist. Ein jeder Mensch, jeder von uns, trägt solch eine Frage in sich, die sich durchaus auch über die Zyklen des Lebens verwandeln kann und dennoch durchgängig ist, als die eine Frage, die mein Leben, meinen Seelenweg prägt, die in tiefer Verbindung steht mit dem Inkarnationsauftrag meiner Seele!

Bei Parzival ist es die Frage nach dem Leid des Anfortas: «Was fehlt dir, Oheim»? Durch reines Mitgefühl, durch wahres Interesse am Ergehen meines Nächsten, kann diese an sich einfache Frage zu unmittelbarer Heilung führen. Dies ist es, was bei Anfortas geschieht. Dies ist aber auch die Frage, die an sich jeder Arzt seinem Patienten stellt. Was fehlt Ihnen? Was fehlt dir? Wer oder was heilt denn bei dieser Frage? Es ist nicht der Arzt, es ist auch nicht Parzival. Es ist, so steht es schwarz auf weiß bei Wolfram von Eschenbach, jene gleiche Kraft, die den Lazarus vom Tode auferstehen lässt! Es ist der *Christus*, der heilt! Durch die Reinheit des Herzens wird der zur «saelde» aufsteigende Tor zum Sprachrohr für den Heilung bringenden *Christus*!

Nochmals erstaunlich auch, dass wir durch Wolfram von Eschenbach in diesem Schlüsselmoment des ganzen Parzival-Epos tatsächlich, unmittelbar, den Hinweis auf Lazarus erhalten, und somit auf Johannes den Evangelisten, auf Christian Rosenkreutz und auf den Grafen St. Germain.

Auch bei Kaspar Hauser finden wir die Frage vor. Ja, viele Fragen kennen wir aus seinem Munde. Und es berührt bis heute, sie zu hören. Wer all die schönen Blätter an den Bäumen so hübsch ausgeschnitten habe? Wer all die vielen Lichter am Himmelszelt angebracht habe? Und: warum er denn nicht auch eine Mutter habe wie all die anderen? Herzanrührende Fragen!

Eine Frage, die wir durch die Schriften des Lehrers Daumer, dem letzten Rosenkreutzer, vermittelt bekommen, ist besonders erschütternd. Mit ihr hatte ich meine beiden Vorträge 2017 an diesem Ort beendet. Sie ist aber zu wichtig, um sie nicht ein weiteres Mal zu hören. Daumer schreibt: «Kurz nachdem Kaspar Hauser in der Welt erschienen war, fragte er einmal, warum, wenn Christus vom Tode erstanden, die Menschen nicht auch wieder aufstehen könnten. Als man ihm antwortete, das käme daher, weil Christus nicht bloßer Mensch, sondern zugleich Gott gewesen, so sagte er, die Menschen sollten aber auch so viel lernen, dass sie Gott würden».

Was mag Kaspar Hausers Parzival-Frage gewesen sein? Die Frage nach dem «Wer bin ich»? Die Frage nach der Mutter? Ich erlaube mir nicht, diese Frage zu beantworten.

Sie ist auch zu wichtig, auf dass sie eine vorschnelle Antwort finden mag. Gehen wir mit dieser Frage «schwanger» und kommen ihm, dem Kaspar Hauser, dadurch sehr nahe!

Wenn wir auf ihn blicken, auf sein außerordentliches Wesen, seine außerordentliche Lebensgeschichte, aber auch auf all die außerordentliche Wucht der Gegenkräfte zeit seines Lebens wie auch postum, die ihn immer und immer wieder infrage stellen wollen bezüglich seiner Integrität und seiner Identität, wenn wir aber auch blicken auf die über die Jahrhunderte nicht abreißen wollende Anteilnahme an diesem Mysterium, das uns heute hier an diesem Ort versammelt sein lässt, da können wir an sich gar nicht anders, als konsterniert festzustellen: sein ganzes Wesen ist Frage. Ja, selbst die allermodernsten, hochentwickeltsten genwissenschaftlichen Maßnahmen können ja keine Antwort geben, beispielsweise auf seine Identität, sondern rufen nur wieder weitere Fragen hervor.

Erinnern wir uns, wie der ausführende Wissenschaftler der zweiten Analyse aus dem Jahre 2001, Prof. Dr. Brinkmann, mitteilte, dass wir angesichts des Ergebnisses der Untersuchungen weder sagen können, dass Kaspar Hauser der Erbprinz ist, noch dass wir sagen können, dass er es nicht ist. Das ist doch außerordentlich!

All dies führt mich, in meinen nun rund 30 Jahren des Forschens um Kaspar Hauser, zu der Erkenntnis:

Kaspar Hausers wahre Identität ist die Frage nach der Identität.

Und warum stellt er diese Frage? Weil die Identität des Menschen infrage gestellt ist!

Ja, das müssen wir erkennen, dass in jenem anfänglichen 19. Jahrhundert etwas in die Menschheitsgeschichte einbricht, das das Wesen des Menschen immer mehr infrage zu stellen beginnt. An sich war die Zeit gekommen einer immer weiteren Mündigwerdung des Menschen auf dem Wege der Bewusstseinsseelenentwicklung. Für diese Entwicklung steht exemplarisch der Graf von St. Germain im 18. Jahrhundert, der von der möglichen wie auch notwendigen Evolution des Menschen und des Sozialen wusste und mit all seinen Kräften darum rang. Der weltliche Ausdruck dieser möglichen Evolution schlug sich dann aber nieder in der Französischen Revolution, wobei St. Germain mahnend vor den Konsequenzen warnte, so es eine Revolution, zumal eine blutige, anstelle einer gesunden Evolution gäbe! «Wer Wind sät, wird Sturm ernten», sind seine berühmten Worte diesbezüglich. Und statt in eine weiter anwachsende, tatsächliche innere, Autonomie verleihende Freiheit aufzusteigen, beginnt der Mensch sich, aus der Knechtschaft der meist verhassten Könige herausschälend, Schritt für Schritt in eine neue Knechtschaft hineinzustellen, derjenigen, die unter dem Diktat der Technik steht! Diese vermag dem Menschen ein behagliches Leben zu verleihen, eine Komfortzone zu schaffen, wie die Könige es schwerlich vermochten, und daher ist sie auch so erfolgreich! Bei allem Gewinn aber ist der Verlust enorm und trägt entscheidend zu dem möglichen Riss bei, von dem Rudolf Steiner spricht, jenem Riss zwischen der geistigen Welt und der Erde, der ab den Zeiten Kaspar Hausers eintreten hätte können. Und doch, wichtig zu bedenken ist: das Wesen der Technik, es ist nur so stark, wie das Ich des Menschen schwach ist!

Exemplarisch für die aufziehende Gefahr steht das, was in den Jahren 1816, zu Beginn der okkulten Gefangenschaft Kaspar Hausers, wie auch 1828, im Moment seiner Aussetzung, geschah. Darüber sprach ich ausführlich an diesem schönen Ort bei dem ersten Kaspar-Hauser-Festival 2017 und ich freue mich, dass Sie all dies, so Sie möchten, in meinem nun in englischer Sprache publizierten und hier ausliegenden Buch nachlesen können! 1816, zu einem Zeitpunkt, als die physische Sonne sich tatsächlich verdunkelte, und in einem Zeitraum, in dem die «Geistige Sonne», der Christus, begann, durch eine zweite, nun ätherische Kreuzigung zu gehen, da geschieht, inspiriert durch einen Wachtraum, der symptomatische Schritt, artifiziell, von «unten» geborenes Leben gedanklich-schriftstellerisch in die Welt zu setzen: der Frankenstein wird geboren. 1828 geschieht dann bereits die aufsehenerregende Harnstoffsynthese durch Friedrich Wöhler, in der erstmals, durch die Begegnung anorganischer Stoffe, ein organischer Stoff hervorgerufen werden konnte! Die «Machbarkeit des Lebens» bricht ein!

Das müssen wir verstehen: Die Infragestellung von Kaspar Hausers hoher Geburt steht symptomatisch für die «infrage gestellte» hohe Geburt des Menschen an sich, sprich: des von oben, aus der Geistigen Welt geborenen Menschenwesens!

Daher kann ich, philosophisch gesprochen, sagen: Kaspar Hausers wahre Identität ist die Frage nach der Identität.

Und spirituell können wir es gar wie folgt formulieren: Kaspar Hauser – und die Frage ward Fleisch.

Wir hören, dieser Satz nun steht in Verbindung zu jenem anderen Satz, einem der gewichtigsten seit Menschengedenken. Jenem Satz aus dem Johannes-Evangelium: «Und das Wort ward Fleisch».

Indem das Wort Fleisch ward, erhielt der Mensch die größte denkbare Antwort. Darüber hinaus bedarf der Mensch an sich keiner weiteren Antwort. Dieser Antwort gilt es sich nun aber zu verantworten. Und da der Mensch dies in der Zeit seiner Bewusstseinsseelenentwicklung, aus der ihm gegebenen Freiheit, nicht zur Genüge tat, drohte ihm Höchstes abhanden zu kommen. Damit dies nun wiederum nicht geschah, antwortete die Geistige Welt abermals, nun jedoch nicht anhand des fleischwerdenden Wortes, das hatte sie ja bereits vollzogen, sondern anhand der fleischwerdenden Frage! Der Frage: Willst du Mensch dich denn dem Fleisch gewordenen Wort verantworten? So du es willst, so wird die Geistige Welt sich deiner verantworten, bedingungslos. So du es aber nicht willst, so wird es dir ergehen, wie es Kaspar Hauser hätte ergehen sollen. Und du wirst Schritt für Schritt in ein Zwischenreich hineingepfercht werden, in dem du deine Ichheit eines Tages nicht mehr ergreifen können wirst. Und dann, als letzte Konsequenz, wirst du ausgetauscht werden, wie das Kind in der Wiege ausgetauscht wurde. Du wirst dann ausgetauscht und an deiner Stelle wird der wunderbar schöne, von «unten» artifiziell geborene, synthetische Mensch zur Regentschaft kommen, ein Mensch, der jedoch nicht mehr, im Sinne des Wortes, Mensch sein wird!

Ja, Kaspar Hauser ist die fleischgewordene Parzival-Frage der neuzeitlichen Menschheit. «Wie steht es um dein Leid, Mensch?» An Kaspar Hauser, daran kannst du es ablesen. So wie es um ihn steht, so steht es auch um dein Leid, Mensch! Gemordet, verleugnet, betrogen, belogen, diskreditiert, fehlerzogen, fehlernährt, verführt, entführt, weggesperrt, eingekerkert, angekettet ... und der Gefahr ausgesetzt, zu guter Letzt ausgetauscht zu werden! Ersetzt zu werden durch ein menschenähnliches Geschöpf. Zu dieser Zeit aber, da gäbe es dann auch längstens keine Gralssuche mehr, da würde herrschen dann das Reich des Gegen-Grals!

Liebe Freunde!

Wir befinden uns auf einer großen Reise: «mitten durch das Tal» – Parzival! Einer Reise, die über Parzival zu einer immer tieferen Erkenntnis des Kaspar Hauser führt. Diese Reise werden wir heute Nachmittag weiterführen, um zu einer klaren, deutlichen Aussage gelangen zu können. Nun aber haben wir soeben gewissermaßen eine Quintessenz der Reise berührt und hier dürfen und müssen wir etwas innehalten, indem wir diese Aussage in uns nachklingen lassen und uns ihr stellen:

Kaspar Hauser ist die fleischgewordene Parzival-Frage!

Ich danke Ihnen sehr für Ihre Aufmerksamkeit! Herzlichen Dank!

KASPAR HAUSER UND PARZIVAL

Vortrag II

Liebe Freunde!

Herzlich willkommen zu meinem zweiten Vortrag! Wir haben heute Morgen begonnen mit einer Reise, um jene Wesenheit, um derentwillen wir uns in diesen Tagen hier versammelt haben, immer tiefer ins Bewusstsein heben zu können, Kaspar Hauser! Und Parzival hilft uns auf diesem Weg. Viele Stufen sind wir schon aufgestiegen! Und bereits jetzt können wir verblüfft sein über die große Anzahl und die hohe Qualität vieler und inniger Berührungspunkte beider! Was spricht sich hier aus? Wie sind diese Ähnlichkeiten und Parallelen zu verstehen? Und so führte uns unser Weg bereits bis hin zu jener hohen Stufe, die wir das Mysterium der Frage nennen können. Parzivals heilende Frage lautet: «Was fehlt dir, Oheim?» «Wie steht es um dein Leid?» In Kaspar Hauser aber wird die Frage nach dem Leid des Menschen, des Menschen an sich, Fleisch! Denn es bricht in jenen frühen Tagen des 19. Jahrhunderts eine immer größere Wucht des Materialismus, des Agnostizismus, sprich der Geistverleugnung, der Technisierung und Industrialisierung in die Welt ein, die binnen kürzester Zeit das Antlitz der Erde und des Menschen vollkommen verzerren sollte! Und was wäre denn die letzte Konsequenz dieses Weges? Es wäre der lebendig begrabene Mensch! Und «soma», der Körper, würde zu «sema», dem Grab, wie es uns die griechische Sprache lehrt. Kaspar Hauser ist aber eben auch der Inbegriff des lebendig begrabenen Menschen an sich. Und das Verbrechen, das man an ihm ausführte, sollte dann in seiner perfiden Konsequenz Schritt für

Schritt auf die ganze Menschheit übergehen. In den Worten Rudolf Steiners heißt es daher, dass das an Kaspar Hauser verübte Verbrechen «ein Experiment, ein großangelegter Versuch [war], um jene Individualität von ihren Aufgaben zu trennen. Sie in einem Zwischenreich zu halten. Die Ichheit dieses Wesens sollte nicht durchdringen können ihren Leib, sollte draußen bleiben in einem Zwischenreich, nicht reine Geistgestalt und nicht reiner Erdenmensch. Von ihren Aufgaben abgelenkt und wie in geistiger Verbannung bleiben. Das heißt, einen Leib zu formen, aber nicht tätig, als Ichheit, ihn ergreifen können.» Das aber ist doch genau das, was heute millionenfach geschieht. Genau darum geht es den Gegenkräften doch! Und es scheint, dass sie weit gekommen sind in ihrem Anliegen! An Kaspar Hauser geschieht also ein exemplarisches Verbrechen, das auf die ganze Menschheit ausgerichtet ist! Und erkennt der Mensch diese Gefahr nicht, so wird es ihm ergehen, wie es Kaspar Hauser ergehen sollte!

Und warum ist diese Gefahr so enorm groß? Weil ja für gewöhnlich das in Gefahr Stehende, das ICH des Menschen, gar nicht als etwas real Gegebenes angesehen wird und es dadurch ja auch gar nicht in Gefahr stehen kann. Denn etwas kann ja nur in Gefahr stehen, so es überhaupt gegeben ist. Schauen Sie, um ein etwas plastisches Beispiel zu geben: Würde ich Ihnen nun sagen, es drohe der zweiköpfige Schwertfisch im Atlantik auszusterben, dann würde Sie dies wohl nicht sonderlich bewegen. Sie müssten sich wohl eher eingestehen, dass Sie bisher ja noch gar nicht von der Existenz des zweiköpfigen Schwertfisches im Atlantik wussten. Mehr noch, Sie werden sogar infrage stellen müssen, ob es diesen Fisch überhaupt gibt respektive geben kann, da Sie ja noch nie davon gehört hatten! Und die Folge wäre, dass Sie die Gefahr bagatellisieren und letzten Endes sogar als nicht gegeben verneinen müssten.

Und genau dies geschieht ja in der Menschheit. Durch die Geistverleugnung ist die Erkenntnis der real gegebenen

Existenz des ICHs des Menschen so ungemein geschwächt, dass man auch nicht sieht, dass ihm ja genau die Gefahr droht, die Rudolf Steiner benennt und die man dem Kaspar Hauser anhaben wollte. Die Konsequenz aber wäre genau jener Riss, von dem Rudolf Steiner spricht, und das ICH gelänge in eine geistige Verbannung, in ein Zwischenreich. Und der Mensch könnte dann nicht mehr Mittler sein zwischen Himmel und Erde, sondern würde fallen in ein «Weder-noch», weder reiner Erdenmensch noch reine Geistgestalt! Das aber wäre auch das vorläufige Ende dessen, was wir nennen die Gralssuche.

Blicken wir nun also auf einige weitere, auffallende Parallelen zwischen Kaspar Hauser und Parzival. Wie findet denn Parzival erstmalig zur Gralsburg? Nachdem er es in der Welt weit gebracht hatte, begibt er sich auf die Suche nach der Mutter. Die Mutter, das ist im Esoterischen aber die Seele. Auf der Suche also nach der Seele findet er erstmalig zur Gralsburg. Auch Kaspar suchte nach seiner Mutter, indem er in seiner Seele nach ihr fragte. Zweifelsohne war ein Grund, ihn als 21-Jährigen zu töten, auch darin gelegen, dass die Gegenkräfte Angst hatten, Kaspar Hauser könne sich nun als mündiger Bürger tatsächlich, auch physisch, auf die Suche nach seiner Herkunft und somit nach seiner Mutter begeben. Interessant ist hierbei die Tatsache, dass sie sich, Stéphanie de Beauharnais, tatsächlich ihrerseits auf die Suche nach ihrem seit zwei Jahrzehnten totgesagten Sohn gemacht hatte. Im Frühjahr 1832 las sie Anselm Ritter von Feuerbachs bedeutendes Werk: *Kaspar Hauser oder Beispiel eines Verbrechens am Seelenleben des Menschen*. Es wurde ihr, und dies ist erschütternd, von Lord Stanhope am 22. Januar überreicht. Diese Lektüre, in Verbindung zu den nie enden wollenden Mutmaßungen, die ihr zu Ohren kamen, der in Ansbach lebende Kaspar Hauser sei ihr im Oktober 1812 «verstorbener» Sohn, führte sie dazu, inkognito mit zwei ihrer Töchter nach Ansbach zu reisen. Davon berichtet der französische Diplomat und Kaspar Hauser Forscher Edmond Bapst. Als sie dann im Hofgarten den spazieren gehenden Kaspar Hauser sah, da fiel sie in Ohnmacht. Eine psychologisch sehr erklärbare und verständliche Reaktion, da sie zu diesem Zeitpunkt völlig ohne Macht war. Ihr Gemahl, der Großherzog Karl, war längstens verstorben und auch ihr gewichtiger Adoptiv-Vater, Napoleon I, war nicht mehr am Leben. Sie wurde als Französin im badischen Lande «geduldet» und lebte ein recht stilles Witwendasein im Schloss von Mannheim, jener Stadt, in der seit 1957 immer zu Karfreitag ununterbrochen die gleiche und somit älteste Parsifal-Inszenierung bis heute auf der Opernbühne zu sehen ist. Hätte sie sich in diesem Moment 1832 zu ihrem Sohn bekannt, wäre dies eine enorme Gefahr gewesen, primär für Kaspar Hauser, aber doch auch für ihre drei Töchter sowie für sich selbst. Oft brachten Kritiker der Erbprinzentheorie vor, Stéphanie hätte sich doch öffentlich zu ihrem Sohn bekennen müssen, so sie ihn erkannt hätte. Nein, hier liegt eine höhere Wahrheit vor, die wir durch das berühmte Urteil Salomons kennen, als er anhand seiner Weisheit zu erkennen hatte, wer die wahre Mutter eines ihm dargereichten Kindes sei. Als er mit seinem Schwert das Kind teilen will, auf dass beide Frauen zumindest eine Hälfte des Kindes erhalten sollten, da lässt die wahre Mutter sofort ab von dem Kind, um es somit zu retten. Und so verhält es sich eben auch bei Stéphanie de Beauharnais. Sie bekennt sich, aus Liebe zu ihrem Kind, nicht zu ihm, um ihm dadurch das Leben zu retten!

Seitdem also der Säugling im Oktober 1812 aus der Wiege geraubt worden war, waren sich Mutter und Sohn nie wieder physisch so nahe gekommen wie in diesem Moment im Hofgarten zu Ansbach. Und es wird wiederum der Hofgarten sein, in den dann Kaspar Hauser gelockt wird, am 14. Dezember 1833, um von seiner Herkunft, von seiner Mutter zu erfahren, wie es die Täter vorgaben.

Parzival also sucht nach der Mutter und findet zur Gralsburg. Kaspar Hauser sucht nach seiner Mutter und findet den Tod. Und doch ist dieser Tod ganz anderer Größenordnung als eines Menschen herkömmlicher Tod. Dies besagt ja das wichtige Wort Rudolf Steiners: «Wenn Kaspar Hauser nicht gelebt hätte und gestorben wäre, so wie er tat, so wäre das Band der Geistigen Welt zur Erde vollkommen gerissen.» Und auch Jakob Wassermanns berühmtes Wort ist zu bedenken: «Kaspar Hauser wird so mächtig im Tode sein, als er ohnmächtig im Leben war.» Hier schwingt demnach eine ganz andere Ordnung, eine ganz andere Dimension mit, etwa die, die wir erahnen, wenn Goethe von «dem Gang zu den Müttern» spricht oder die uns begegnet in dem großen Begriff der «Mutter-Loge der Menschheit.»

Als Kaspar Hauser nach der Verwundung in endlosen Verhören befragt wurde nach dem Grund seines Ganges in den Hofgarten, da gab er vor, er sei geladen worden, die Arbeiten am artesischen Brunnen zu begutachten. Dies kann aber auf keinen Fall der eigentliche Grund gewesen sein, bei dieser Witterung in den Hofgarten gegangen zu sein. Zudem gab es zur Winterszeit dort keine Arbeiten. Es ist jedoch nachgewiesen, dass Kaspar im Frühjahr die Arbeiten am Brunnen mit Lehrer Meyer gemeinsam begutachtet hatte. Es war niemand Geringeres als Georg Friedrich Daumer, der schlüssig erklärte, dass diese Einladung an den Brunnen zu kommen, ein Losungswort gewesen sein muss, mit dem man ihn in den Hofgarten gelockt hatte. Denn es wäre für die Täter viel zu gefährlich gewesen, im Appellationsgericht bei Publikumsverkehr den wahren Grund der Einladung Kaspar Hauser gegenüber auszusprechen. Und wie leicht war es möglich, Kaspar zu zwingen, kein «Sterbenswörtchen» von dem wahren Grund zu erzählen, zumal es ja auch während der Verhöre für ihn noch nicht absehbar war, dass er tatsächlich sterben würde. Er musste also dieses Geheimnis bei sich bewahren aus Vorsicht und Angst vor den Tätern, vielleicht auch aus Scham, so gutgläubig der Bösartigkeit der Gegner anheimgefallen zu sein. Daumer aber erkannte den wahren Grund, er, der das Kind kannte wie wohl kaum ein anderer!

Blicken wir noch etwas ausführlicher auf Stéphanie de Beauharnais, die wir durchaus als eine Herzeloyde benennen dürfen, als eine Mutter mit großem Herzens-Leid! Denn nach ihrer «Zwangs-Verehelichung» mit Karl von Baden durch ihren mächtigen Adoptiv-Vater Napoleon, da gebiert sie fünf Kinder: eine Tochter, einen Sohn, eine Tochter, einen Sohn, eine Tochter. Und just die beiden Söhne, und nur sie, sterben ihr sehr früh weg. Respektive, es wird beim 1812 geborenen Sohn vorgegeben, er sei gestorben. Und der jüngere Bruder, Alexander, er stirbt 1817 einjährig am Zahnen. Oder lag auch hier ein Mord vor? Es waren eben nur die männlichen Nachfahren von Gefahr für die politischen Gegner, nicht die weiblichen.

Durch die Mutter kommt in Kaspar Hausers Leben die gewichtige Dimension des Französischen auf. Und Frankreich ist, wie wir wissen, neben England und Deutschland, eine ganz maßgebliche Quelle der Mysterien des Grals. So hatte ja beispielsweise kurz vor Wolfram von Eschenbach Chrétien de Troyes seine berühmten *Contes de Graal* verfasst. Und dieses französische Element, es drückt sich, auf direkte Weise, in einigen sehr markanten Stellen bei Wolframs Werk aus. Beispielsweise wissen wir ja, dass Parzival auf seinem Weg in die Welt seiner Cousine Sigune begegnete. Und hierbei können wir im dritten Buch lesen: «Bevor sie Abschied nahmen, forscht sie nach seinem Namen. Er sprach: Wie man zu Haus mich rief? *Bon fis, scher fis, bea fis.*» Und so erkennt sie ihn und antwortet: «Parzival bist Du genannt. Das Wort will ‚Mittendurch' besagen». Sie verleiht ihm also, anhand ihres Erkennens, seine Identität, die er noch nicht kannte. Er hatte noch nicht zu seinem Namen gefunden, noch war er primär Sohn gewesen, jetzt begibt er sich aber auf den Weg seiner Individuation.

Als man mit Kaspar Hauser, in seiner anfänglichen Zeit zu Nürnberg, über und über Sprachversuche vornahm, um dadurch, so erhoffte man, seine Herkunft erschließen zu können, da gebrauchte er auch des Öfteren ein seltsam anmutendes Wort, nämlich: «motschär.» Man verstand aber nicht recht, was dies besagen könnte. Und doch können wir es vernehmen. Durch Parzivals Hilfe gewissermaßen, können wir vernehmen, dass «motschär» – «mon cher» bedeutet. Kaspar Hauser wurde folglich also «mon cher» genannt. Und man weiß auch, wer ihn so genannt haben muss. Es ist die französisch sprechende Anna Dalbonne, die Bedienstete von Gräfin Hochberg, die, mit an Sicherheit grenzender Wahrscheinlichkeit, das Kind in Schloss Beuggen betreute! Eine für Kaspar Hauser ganz wesentliche Person, da sie für ihn wohl eine mutterähnliche Bedeutung innehatte.

Und auch in dem Namen der Mutter selbst, Stéphanie de Beauharnais, spricht sich ein schönes französisches Parzival-Motiv aus. Denn Beauharnais heißt so viel als der «schöne Harnisch». Nun, bei Parzival hatte der Harnisch, die Rüstung, tatsächlich eine hohe Bedeutsamkeit. Kaspar Hauser wird solch eine Rüstung wie Parzival sie hatte, nicht am physischen Leib tragen. Und doch trägt er, gewissermaßen feinstofflich, über den Namen seiner Mutter eine Rüstung an sich, die ihm vielleicht auch, gleich einer Schutzmantel-Madonna, Schutz verlieh! Gerne erwähne ich diesen Begriff, denn in der Schwanenritterkapelle zu Ansbach, in der Kaspar Hauser konfirmiert wurde, da befindet sich tatsächlich auf der Rückseite des Altars, also gewissermaßen im Verborgenen, eine große Darstellung der Schutzmantel-Madonna! Bezeichnend auch ist, dass Kaspar Hauser ja als Soldat in die Welt geschickt worden war. Es war ja in dem Brief, der ihm mitgegeben wurde, davon geschrieben, er solle in ein Reiterregiment nach Nürnberg kommen. Und einige Zeit später dann wird Kaspar Hauser tatsächlich einmal den außerordentlichen Satz sagen, dass er ja durchaus auch Soldat hätte werden wollen, wenn es denn den Krieg nicht gäbe. Gegen etwas zu kämpfen, war ihm verhasst, für etwas ritterlich zu streiten, das mochte er sich gefallen lassen!

Kommen wir nun zu dem entscheidenden Moment, durch den Parzival die Gralsburg ein zweites Mal, nun jedoch bewusst, aufzufinden vermag. Er irrt ja lange Zeiten umher, mit sich, Gott und der Welt im Zweifel, bis er, an einem Karfreitag, auf den Einsiedler Trevrizent, einem Bruder seiner Mutter, trifft. Hier nun entfaltet sich jenes lange Gespräch, das ich nennen will eine Einweihung in das Mysterium des Grals und somit in das esoterische Christentum. Er ist es auch, der Parzival zu sagen vermag, wie viel Zeit bisher verstrichen war, seitdem dieser, als noch «tumber Tor», aus der Gralsburg nach seinem ersten Besuch «ausgesetzt» worden war. Es sind viereinhalb Jahre und drei Tage! Und nun kann es uns fast eigentümlich berühren, dass auch Kaspar Hauser, nachdem er zu Pfingsten 1828 in die Welt ausgesetzt wurde, ebenfalls viereinhalb Jahre in dieser zu bestehen hat, bis auch er auf seinen Trevrizent stößt, Pfarrer Heinrich Fuhrmann, der in einer Fülle an Einzelreligionsstunden seinen Schüler in die Welt der Passion Christi einführt! Und diese Begegnung mit dem wahren Christentum ist nun für Kaspar Hauser von entscheidender Bedeutung! Einer Bedeutung, die wir nicht hoch genug anzusehen haben! So hatte ich Sie heute Morgen ja begrüßt, dass Kaspar Hausers wahre Bedeutung für die Menschheitsgeschichte tatsächlich nur zu verstehen ist mit Blick auf das innerste, das esoterische Christentum! Ist dies nicht erstaunlich? Im Oktober 1832 beginnt dieser Unterricht! Und durch den aufrichtigen, einfühlsamen Pfarrer sowie durch Kaspar Hausers enorme Gabe des Mitgefühls und der Empathie, ergreift ihn dieser Unterricht zutiefst. Fuhrman sagt, sein Schüler sei in ein nicht zu stillendes Weinen ausgebrochen, als er ihm die Passion Christi nahebrachte. Dies aber lässt an das gewichtige Wort Rudolf Steiners denken, der sagt, nächst Christian Rosenkreutz sei es Kaspar Hauser gewesen, der am stärksten die Leiden des Christus nachempfunden habe!

Und so, wie Parzival durch diese Begegnung zur Gralsburg, ja, zum Gral findet, so findet auch Kaspar Hauser durch die

Begegnung mit Pfarrer Heinrich Fuhrmann zu seinem Gral, dem Abendmahlkelch, den er in der Schwanenritterkapelle anlässlich seiner Einzelkonfirmation empfängt! Er, der einst von Wasser und Brot kam, gelangt nun zu Brot und Wein! Er, der einst sein Holzpferd über Jahre, gleich einem Kultus, mit Wasser und Brot stärkte, wird nun seinerseits gestärkt durch das Sakrament von Brot und Wein! Was hierbei aber geschieht, ist ein tiefes Mysterium! Und es ist dieses Mysterium, das dazu führte, dass Kaspar Hauser seine Mission erfüllen und vollenden konnte. Denn das ist doch der kaum zu begreifende Punkt: Der Erbprinz in Karlsruhe hat ja verhindert werden können daran, seine Mission zu erfüllen, nämlich die «neue Gralsburg der neuen Geistesstreiter» im süddeutschen Raum zu bilden, wie es Rudolf Steiner benennt. Kaspar Hauser aber, der aus dem Verlies in die Welt ausgesetzte Erbprinz, er erfüllt seine Mission, wenn sie auch eine ganz andere ist, als die, die er ursprünglich vollziehen hätte können. Und diese erfüllte Mission liegt darin, dass er Wesentliches aufrechterhalten konnte, das Wesentliche schlechthin, nämlich den Kontakt, das Band zwischen Geistiger Welt und Erde. Wie aber vermag er das? Er bringt doch nahezu nichts hervor in seinem Leben außer den schönen Aquarellen, den wenigen Gedichten. Es muss etwas völlig anderes gewesen sein, das er tatsächlich vollzog, und dies ist seine Begegnung mit dem Christus! Darüber sprach ich ausführlich 2017 an dieser Stelle. Da dies aber von so ungemeiner Wichtigkeit ist, um Kaspar Hauser erkennen zu können in seiner erfüllten Mission, möchte ich es nochmals zusammenfassen. Der Schlüssel liegt in den ergreifenden Ausführungen, die Rudolf Steiner unter dem Titel macht: *Das Prinzip der spirituellen Ökonomie im Zusammenhang mit Wiederverkörperungsfragen.*

In wichtigen Entwicklungsmomenten der Menschheit kann es dazu kommen, dass die Geistige Welt Höhere Wesenheiten in die Menschheit heruntersendet, um dadurch wichtige, ja notwendige Impulse geben zu können. Solch eine herabsteigende

Wesenheit wird genannt ein Avatar. Der aus dem Sanskrit stammende Begriff besagt eben genau dies: das Herabsteigen. Wenn nun ein solcher Avatar sich verbindet mit den Wesensgliedern eines Menschen, so geschieht hierbei ja für die Avatar-Wesenheit ein Opfer. Und damit nun dieses Opfer dennoch in der großen geistigen Ordnung keinen Verlust, sondern eben einen Gewinn zur Folge haben kann, geschieht durch den gegebenen Kräfte-Überschuss der sich herabsenkenden Wesenheit eine Vervielfältigung, ja, eine Anfertigung vielfacher Kopien der entsprechenden Wesensglieder des den Avatar aufnehmenden Menschenwesens. Dies ist eben das, was Steiner das ökonomische Prinzip nennt. Und diese vervielfältigten Wesensglieder, die aus dem Zusammenschluss der Avatar-Wesenheit mit dem erlauchten Menschenwesen hervorgehen, werden in der Geistigen Welt wie aufbewahrt, um sie dann in entscheidenden Momenten auserlesenen Menschen einzuverleiben. Dadurch wird die tatsächliche Weiter-Entwicklung des ursprünglichen Impulses durch die Jahrhunderte gewährleistet.

Die höchste Avatar-Wesenheit ist der Christus. Und durch die Vermählung mit der Wesenheit des Jesus kommt es nun zu den besagten Kopien und zu deren jeweiligen, durch die Zeiten gegebenen Einverleibungen. So gibt Rudolf Steiner exemplarische Einverleibungen an, beispielweise des Ätherleibes in Augustinus, der Empfindungsseele in Franz von Assisi und Elisabeth von Thüringen, der Verstandesseele in den Scholastikern, und der Bewusstseinsseele in den deutschen Mystikern wie Meister Eckhardt und Johannes Tauler. Dadurch ist das tatsächliche Voranschreiten des Christus-Impulses im Innersten gewahrt!

Der nächste, allererhabenste Moment ist dann jener, der mit dem vervielfältigten ICH des Christus Jesus in Verbindung steht! Und dies nun berührt das Mysterium des Christian Rosenkreutz. Wer, wenn nicht er, so könnten wir fragen, ist dazu auserkoren, diesen Schritt vollziehen zu können? Er, der bereits einst als Lazarus durch die auf ihn einwirkende Christuskraft vom Tode erweckt wurde? Er, der dann als Johannes zu jenem Jünger wurde, den Christus Jesus «lieb hatte» und der dann als einziger der Jünger unter dem Kreuz stand? Er, dem Christus Jesus das zukünftige Christentum anvertraute?

Wenn nun aber Rudolf Steiner sagt, nächst Christian Rosenkreutz habe Kaspar Hauser am stärksten die Leiden des Christus nachempfunden, so dürfen, so müssen wir fragen: Geschieht in diesem erhabenen Moment, als der 21-Jährige in einer alleinig für ihn bestimmten Konfirmationsfeier in der Schwanenritterkapelle den Kelch und die Hostie empfängt, geschieht hier nicht etwas von höchster Tragweite? Und ist es nicht dieses Ereignis, das ihm dann die Stärke verleiht, so zu sterben, wie er tat? In vollkommener Erhabenheit, allen seinen Feinden verzeihend? Konnte er aber andererseits dann auch zu diesem Zeitpunkt getötet werden, da ja vollbracht war, was zu vollbringen war?

Und dieser erhabene Moment der Christusbegegnung, er vollzieht sich, diesen Namen haben wir nun heute bereits mehrfach gehört, in der Schwanenritterkapelle. Und somit berühren wir das Mysterium des *spiritus loci*, der ortspezifischen geistigen Qualität. Und es ist offenbar, dass wir in diesem sakralen Raum in Berührung treten mit den Gralsmysterien, ist der Schwan doch, gerade auch beispielsweise bei Lohengrin, dem Sohn Parzivals, darin von hoher Bedeutsamkeit! Und was bedeutet dieser esoterisch wichtige Begriff Schwan? Es ist jenes hohe, erhabene Symbol des Mysterienschülers, der ganz auf seinen eigenen Namen verzichtet, um ganz Diener der höheren Geistigen Welt sein zu können. Jesus, so Rudolf Steiner, hatte auf seinem Wege der Mysterienschülerschaft den Grad des Schwanes erreicht, als er den Christus aufzunehmen fähig war! Und Kaspar Hauser? Er, der in der Welt wie zu verzichten hatte auf seinen eigentlichen Namen, er wird in der Schwanenritterkapelle zu Ansbach zum

Schwan für das Christus-Jesus-Ich! Und es berührt ebenfalls eigentümlich, wenn wir nun noch bedenken, wie nah Wolframs Eschenbach, die Geburtsstätte des großen mittelalterlichen Eingeweihten, zu Ansbach liegt. Es sind gerade einmal 15 Kilometer!

Kommen wir somit noch zum *spiritus temporis*, der zeitspezifischen geistigen Qualität, um dann aber auch unsere Reise münden zu lassen in einem Zielpunkt, aus dem heraus wir dann versuchen wollen, eine Antwort finden zu können bezüglich der Frage: Was besagt es, dass Kaspar Hauser und Parzival in solch einer mannigfachen, erstaunlichen Übereinstimmung sind?

Den Parzival, wie wir ihn heute von Wolfram von Eschenbach kennen, es ist der Verdienst eines Germanisten, der über lange Zeiträume all die vielen Handschriften Wolframs, die ja oft gar in unterschiedlichen Städten und deren Bibliotheken nur zu finden waren, zusammenstellte, um die komplexe Komposition des Werkes zu erarbeiten, wie wir es heute kennen. Sein Name ist Karl Lachmann, der folglich der Nestor der Parzival-Forschung genannt wird. Er ist Kollege der Brüder Grimm, die ihr großes Werk der *Kinder- und Hausmärchen* im Jahre 1812 veröffentlichten, also im Geburtsjahr des Erbprinzen, den wir unter dem Namen Kasspar Hauser kennen. Schon dies ist hoch interessant vom Gedanken her des *spiritus temporis*. So wurde ja beispielsweise Kaspar Hauser in dem berüchtigten Artikel des Nachrichtenmagazins Der Spiegel aus dem Jahre 1996, in dem es um jene Genanalyse ging, die Kaspar Hauser in seiner Erbprinzenschaft ein für alle Male zerstören sollte, abfällig benannt als «der Deutschen liebster Märchenprinz». Tatsächlich liegt aber etwas fast Märchenhaftes in ihm vor, nicht jedoch im Sinne einer nicht gegebenen Wahrheit, sondern als Ausdruck eines gar höher anzusiedelnden Wahrheitsgehaltes, wie wir ihn in der Welt der Märchen vorfinden können.

Karl Lachmann verzagt aber fast an seiner langwierigen Arbeit und bekommt daher von den befreundeten Brüdern

Unterstützung, zumindest moralischer Art. Und so widmet Karl Lachmann dann seine Publikation den Brüdern Grimm. Die Herausgabe des Parzival aber, sie erscheint im Jahre 1833! Was für eine Signatur! Jene Wesenheit, um derentwillen wir hier versammelt sind, wird in den Geburts- und Sterbejahren flankiert von der weltberühmtesten Märchensammlung und von Wolframs Parzival, editiert durch Karl Lachmann.

Ja, in einigen Parzival-Studien finden wir weitere erstaunliche Analogien. So gibt es Forscher, die, insbesondere anhand astrologischer Angaben im Parzival des Wolfram von Eschenbachs, rückschließen können auf wichtige Eckdaten der Parzival-Biografie. So sei er beispielsweise am 29. September geboren, so sei er gute 16 Jahre alt gewesen bei seinem ersten Besuch auf der Gralsburg und folglich 21 Jahre alt bei seinem zweiten Besuch. Diese Forschungen liegen außerhalb meiner Fähigkeiten, und doch würde es mich nicht wundern, so sie zuträfen!

Kommen wir noch auf eine weitere wichtige, esoterische Zeitqualität: Es scheint ja, dass Parzival und Kaspar Hauser zeitlich weit auseinanderliegen. Das tun sie aber in gewisser Hinsicht nicht. In gewisser Hinsicht sind sie sich sogar sehr nah! Das sie verbindende Element ist das, was wir nennen können die Wirksamkeit des deutschen Volksgeistes. Durch Rudolf Steiners Erkenntnisse dürfen wir vernehmen, dass der deutsche Volksgeist eine Besonderheit pflegt. Er verbindet sich nicht einfach nur mit seinem Volk und inspiriert es daraufhin, sondern bei ihm ist ein Weben wahrzunehmen, ein Kommen und Gehen, Annäherung und Rückzug. Er verbindet sich nur ab und an mit seinem Volk, dazwischen ist es, als fühle man sein Fehlen. Und tatsächlich ist dies ein möglicher Schlüssel, die gewaltigen Schwankungen in der Kulturgeschichte der Deutschen verstehen zu können. Drei große, starke Kulturepochen sind auszumachen, in denen der Volksgeist starke Wirksamkeit zeigt. Die Epoche um 350 bis 450, in die beispielsweise die Qualität der Nibelungen fällt, die Epoche um 1150 bis 1250, in der die großen Minnesänger wirken, sowie die Epoche um 1750 bis 1850, die Zeit der großen Dichter und Denker, des deutschen Idealismus.

Die Zeit Wolfram von Eschenbachs und diejenige Kaspar Hausers, sie sind sich so nah, um eine Imagination zu schaffen, wie Brückenpfeiler sich nah sein können. Denn gerade in ihrem Abstand können sie ihre Aufgabe erfüllen und den weiten Brückenbogen tragen!

Liebe Freunde!

Wer ist Kaspar Hauser? Er ist nicht Parzival. Dafür sind sie sich, so seltsam das klingt, viel zu ähnlich. Teilweise erschreckend ähnlich! Auch würde dies nicht übereinstimmen mit Rudolf Steiner, der ja angibt, er habe keine Vorinkarnationen Kaspar Hausers finden können, er sei ein «versprengter Atlantier»! Und doch mutet es ja wirklich seltsam an, was wir allein durch all die heute erwähnten Analogien gehört haben. Wie kann das sein?

Wer ist Parzival? Die großen karmischen Angaben Rudolf Steiners verweisen auf den Jüngling zu Sais, den Jüngling zu Nain, und eben auf Mani, einen der großen Meister des esoterischen Christentums! Parzival nun ist der Repräsentant, gewissermaßen der Vorreiter der Bewusstseinsseelenentwicklung, die im frühen 15. Jahrhundert ihren Anfang nimmt und unsere fünfte nachatlantische Kulturepoche einleitet. Seitdem befinden wir uns alle gewissermaßen auf dem Parzivalweg! Oder sagen wir: können uns auf dem Parzivalweg befinden. Denn es ist ja unsere Freiheit, uns diesem Weg zu stellen!

Und so geschah es im geschichtlichen Verlauf, dass der Mensch sich über die Jahrhunderte seit dem Beginn des Bewusstseinsseelenzeitalters nicht genügend, nicht entschlossen genug dieses Rufes annahm. Über das 16., 17., 18. und 19. Jahrhundert fiel der Mensch somit in immer tiefere, geistverleugnende Tendenzen. Die Folge aber war, dass die daraus entstandene Not dann so groß wurde, das müssen wir erkennen lernen, dass etwas abzureißen drohte. Wenn wir das berühmte Zitat Rudolf Steiners: «Wenn Kaspar Hauser nicht gelebt hätte und gestorben wäre, so wie er tat, so wäre das Band der Geistigen Welt zur Erde vollkommen gerissen» einmal übersetzen wollen, so heißt es: Wenn hier im anfänglichen 19. Jahrhundert nicht eine offenkundig hohe, erlauchte Wesenheit ein Opfer eingegangen wäre, so wäre die Bewusstseinsseelenentwicklung abgerissen, so wäre der Parzivalweg für den Menschen für lange Äonen beendet gewesen! Und der Mensch wäre auf einem gewissen Stand der Bewusstseinsseele zum Stagnieren gekommen. Und die weitere Arbeit durch unser freies Ich an der Entfaltung unseres Geistselbst, unseres Lebensgeistes wie auch des Geistesmenschen wäre nicht mehr in unserer Möglichkeit gelegen!

Und dies heißt nun, als Erkenntnis meiner Forschungen bezüglich der Nähe Kaspar Hausers zu Parzival: Als der Parzivalweg abzureißen drohte, kam ein rettender Impuls, im Sinne des großen Hölderlin-Zitates: «Wo aber Gefahr ist, wächst das Rettende auch». Dieses Rettende musste nun aber, um rettend sein zu können, dem Parzival so ähnlich als möglich werden, um genau dadurch wiederum Parzivals Impuls aufrechterhalten zu können. Sie sehen, dies ist ein homöopathisches Motiv. Kaspar Hauser musste dem Parzival so ähnlich als möglich werden, um die Bewusstseinsseelenentwicklung, deren Urbild Parzival ist, aufrechterhalten zu können! Dies ist das Mysterium der Nähe des einen zu dem anderen, ohne dass wir ja, wie bereits erwähnt, sagen können, der eine sei der andere! In Kaspar Hauser wird nicht Parzival Fleisch, in Kaspar Hauser wird die Parzivalfrage Fleisch. «Wie steht es um dein Leid, Mensch»! Und dies wirkt heilend. Wie bei Parzival die Frage heilend wirkt auf Anfortas, so wirkt die fleischgewordene Parzivalfrage in Kaspar Hauser heilend auf den Menschen an sich!

Gehen wir nun noch einen entscheidenden Schritt weiter! Denn selbst mit all dieser Erkenntnis liegt immer noch ein Mysterium vor.

Wir haben also zwei Qualitäten gegeben. Der zu Michaeli 1812 in Karlsruhe geborene Erbprinz hätte als Staatsmann, die «neue Gralsburg der neuen Geistesstreiter» bilden können, so Rudolf Steiner. Dies wäre ihm durch seine Individualität möglich gewesen sowie auch durch den bedeutsamen Blutsstrom, mit dem er sich verband, einem der ältesten Adelsgeschlechter der deutschen Lande, den Zähringern. Und darüber hinaus, wohlgemerkt, inkarniert er sich als Sohn der Adoptivtochter des Französischen Kaisers! Und dies geschieht am Tage des Sonnenerzengels Michael in just jener Stadt, die einst im Zeichen der Sonne gebaut wurde. Dass er aber die «neue Gralsburg der neuen Geistesstreiter» bilden hätte können, das eben wäre möglich gewesen durch all die segensreichen, großen Persönlichkeiten, die sich in diesem Zeitraum, in großer räumlicher Nähe, inkarniert hatten. Es scheint ja unter ihnen wie abgesprochen, ja vereinbart gewesen zu sein, zu gleicher Zeit im gleichen Raume anwesend sein zu wollen, sein zu müssen, um somit der drohenden Gefahr des Verfalles etwas Rettendes entgegenzustellen. Fichte, Goethe, Schiller, Hölderlin, Herder, Novalis, Hegel, Schelling, Brüder Grimm, Beethoven, Wagner und so viele mehr! Das war die große Entwicklungschance! Die neue Gralsburg aber wurde, wie wir wissen, durch vehemente Gegenkräfte unterbunden, und somit «verpufften» vorerst auch die Impulse, die durch die neuen Geistesstreiter zur Wirksamkeit hätten kommen sollen, wie Rudolf Steiner es benennt.

Andererseits aber haben wir die Qualität vorliegen, dass es dann in Kaspar Hauser doch zu einer hohen Wirksamkeit kam, wenn es auch nicht mehr die ist, die er als Großerzog hätte vollziehen können, nämlich den Erhalt des Kontaktes zwischen Geistiger Welt und Erde. Diesen Erhalt aber, so haben wir es gerade eben ausgeführt, können wir gleichsetzen mit dem Erhalt des Parzivalweges an sich – sodass wir nun folgende Aussage formulieren dürfen: Da der Erbprinz verhindert wurde, die neue Gralsburg zu bilden, hat Kaspar Hauser den in Gefahr geratenen Parzivalweg zu retten gehabt!

Welche Wesenheit aber ist dies, die diesen ersten Schritt vollziehen hätte können? Die dann aber, da der erste Schritt verhindert wurde, diesen zweiten Schritt in der Lage war, zu vollziehen? Welche Wesenheit kann so etwas?

Um nun in der Geistesforschung weiter gelangen zu können, war ein wesentlicher Schritt notwendig geworden, den ich allerdings lange Jahre nicht rechtens gehen wollte. Nämlich die Integration der Gegenkräfte. Ein die Gegenkräfte integrierendes Denken. Oder, manichäisch gesprochen, ein die Gegenkräfte integrierendes und somit gesund liebendes Denken! Erst durch diesen Schritt kam ich dann, nach langen Jahren des Forschens, zu der recht einfachen aber doch entscheidenden Frage: Mit wem haben denn eigentlich die Gegenkräfte 1812 gerechnet? Mit welcher Individualität haben sie rechnen können, rechnen müssen, die durch ihre Inkarnation bedeutende Impulse für die Menschheitsentwicklung bringen hätte können? Denn das ist doch offenkundig: Neben den weltlichen Gegenkräften, die aus politischen Gründen und aus Gründen des Machtinteresses schon von der Geburt an gegen den Erbprinzen wirkten, gab es jene okkulten Kreise, die erkannten, welch gewichtiger Impuls hätte für die Spiritualisierung Mitteleuropas, bis ins Soziale hinein, kommen können, und den galt es, anhand eines völlig anders gearteten Verbrechens, zu unterbinden. Nämlich anhand einer okkulten Gefangenhaltung, die die Individualität nicht töten sollte, sondern sie in einem Zwischenreich wirkungsunfähig machen sollte, und dies bestenfalls auch für kommende Zeiten. Die Individualität hätte so zerstört werden sollen, das ist das Experiment, von dem Rudolf Steiner spricht, dass sie bestmöglich auch über die Inkarnation hinaus für kommende Zeiten keine Impulse mehr für die Menschheitsentwicklung bringen können sollte!

Mit wem haben also diese Kräfte anhand ihrer Fähigkeiten rechnen können? Nun wissen wir ja, dank Rudolf Steiner, dass Kaspar Hauser ein «versprengter Atlantier» ist. Und somit lautet die nächste, wichtige Frage: Konnten die Gegenkräfte denn mit einer Inkarnation eines «versprengten Atlantiers» zu Michaeli 1812 rechnen? Und nach jahrelangem meditativen Betrachten komme ich zu der Antwort: Nein, das konnten sie nicht. Das liegt außerhalb ihrer Fähigkeiten. Einen Atlantier, der über 10 000 Jahre nicht mehr inkarniert war, den konnten sie in seinem Kommen nicht ermessen. Und um wie viel mehr liegt es außerhalb ihrer Fähigkeiten, einen «versprengten Atlantier» zu ermessen. Dieses «versprengt» besagt ja, dass er wie außerhalb einer direkten Ordnung, einer unmittelbaren Planmäßigkeit liegt. Damit, mit solch einer aus der weiten Vergangenheit kommenden Wesenheit, haben sie nicht rechnen können, und dies ist auch der letztendliche Grund, warum sie gescheitert sind. Denn das ist ja der wichtigste und Trost bringende Satz Rudolf Steiners, dass das Experiment der Gegenkräfte misslang!

Andererseits müssen wir uns fragen: Hätte denn ein «versprengter Atlantier» als Staatsmann, von Karlsruhe aus, Mitteleuropa bis tief in das Soziale hinein regieren und spiritualisieren können? Oder hätte er da nicht eigentlich sagen müssen: «Mein Reich ist doch gar nicht von dieser Welt. Ich kenne diese nachatlantische Welt doch gar nicht, zumal diese Welt der fünften nachatlantischen Kulturepoche. Das ist mir doch, vom Standpunkte der Erde aus, völlig fremd!» Nein, er wäre kläglich gescheitert an dieser Aufgabe, die eben auch gar nicht seine Aufgabe hätte sein können!

Die Gegenkräfte haben nicht mit einem Atlantier, zumal einem versprengten Atlantier, rechnen können. Sondern sie haben gerechnet mit dem Kommen einer Individualität, die genau diese Aufgabe, die sozial-politische Spiritualisierung Mitteleuropas, vollziehen hätte können. Mit wem haben sie folglich also gerechnet? Mit einer Individualität, die die Welt der nachatlantischen Kulturepochen sehr wohl sehr gut kannte! Vielleicht auch daher sehr gut kannte, da sie sehr oft inkarniert war und dadurch eben auch in ihrem Kommen okkult abzulesen war! Sie haben gerechnet mit einem Eingeweihten!

Mit welchem Eingeweihten? Mit einem christlich-esoterischen Eingeweihten, mit einem Meister des esoterischen Christentums! Und daher setzten sie ihn auch aus zu Pfingsten, als Angriff auf Pfingsten, dem großen Fest des zukünftigen Christentums, dem Fest der freien Individualität, wie Rudolf Steiner sagt. Dieser erwartete Meister des esoterischen Christentums hätte ja durch seine Wirksamkeit die Freiheit, die Gleichheit, die Brüderlichkeit in einem großen Maße voranbringen können, einen großen Schritt in Richtung eines menschheitsweiten Pfingstfestes! Die Gegenkräfte haben also durch den okkulten Angriff auf den in Karlsruhe geborenen Erbprinzen einen Angriff auf das Pfingstliche an sich unternommen. Und, nachdem sie ihn über lange Zeiten in ihrer okkulten Gefangenschaft gehalten hatten, da setzten sie ihn aus Hohn just zu Pfingsten aus, die Taschen voller christlicher Gebetsbücher! Und dies an einem Ort, der ebenfalls bewusst gewählt wurde, einem Ort des «Entsorgens». An diesem Ort, dem Unschlittplatz in Nürnberg, da mussten die Metzger ihre Schlachtabfälle entsorgen, das heißt, die nicht mehr zu verwertenden Restbestände der Eingeweide. Also müssen wir in aller Schärfe sagen: Hier sollte der nicht mehr zu verwertende Restbestand eines hohen Eingeweihten entsorgt werden. Was für ein Hohn! Das Mysterium aber ist, dass dies Vorhaben völlig scheiterte. Und warum? Weil der Ausgesetzte größer war, als sie vermuteten!

Gehen wir noch einen Schritt weiter in einem Denken, das die Gegenkräfte integriert! Warum wird denn immer und immer wieder, seit nun etwa 190 Jahren infrage gestellt, dass Kaspar Hauser der Erbprinz ist? Warum diese oft kaum zu glaubende Bösartigkeit? Und dies ist für jemanden wie mich, der seit 29 Jahren in Ansbach lebt und daher auch vor Ort dieses In-Frage-stellen fast täglich zu hören bekommt, nahezu unerträglich! Bis ich auch hier zu dem Gedanken kam: Wenn Goethe recht hat mit jenem Zitat, dass er dem Mephisto in den Mund legt – «Ich bin ein Teil von jener Kraft, die stets das Böse will und stets das Gutes schafft» –, dann muss doch folglich auch in dieser bösen Verleugnung der Identität des Kaspar Hausers ein Funke Gutes gegeben sein? Aber ich gestehe, es war schwer, so denken zu lernen! Und doch: Will uns die Gegenkraft dadurch vielleicht aufmerksam machen, dass wir es uns zu einfach machen würden, so wir eben Kaspar Hauser mit dem Erbprinzen schlichtweg gleichsetzen? Und blicken wir auf die Ergebnisse der zweiten Genanalyse von 2001, dann liegt ja da eben auch das phänomenale Resultat vor, dass Kaspar Hauser in seinen Genen zu einem hohen Grade deckungsgleich ist mit den Nachfahren des Erbprinzen, aber eben doch nicht identisch!

Und was finden wir bei Kaspar Hauser vor, wenn wir auf ihn blicken? Da finden wir beispielsweise ein sehr bezeichnendes Ereignis in der ersten Nürnberger Zeit vor. Denn als er erstmalig dort Kinder sah, da fragte er, was das denn für kleine Menschen seien. Daraufhin wurde ihm gesagt, nein, das seien keine kleinen Menschen, das seien Kinder, und auch er sei einmal Kind gewesen. Doch darauf antwortete er: «Ich bin nie Kind gewesen. Ich bin immer so gewesen wie jetzt. Ich bin erst zu Nürnberg auf die Welt gekommen». Aufs Hartnäckigste, so schreiben Daumer und Feuerbach, verneinte Kaspar Hauser, Kind gewesen zu sein. Diesen Satz hatte ich nie rechtens verstanden. Ist es möglich, dass er sich erinnert an Momente aus seiner Kindheit, ohne aber sich erinnern zu können, Kind gewesen zu sein? Denn er erinnert sich ja an einige wenige Dinge, wie beispielsweise einige Wörter, an ein Wappen, an Mais, an Gänse, vielmehr ist es nicht! Erinnerungen aber, die aus dem Gedächtnis aufsteigen, sie sind imprägniert in den Ätherleib. In seinem ICH aber verneint er, Kind gewesen zu sein!

Und daher dürfen wir fragen, in dem wir Kaspar Hauser für wahr nehmen: Ist der, der da ICH sagt, tatsächlich nicht Kind gewesen? Und tatsächlich erst zu Pfingsten 1828 auf die Welt gekommen?

Und so kommen wir zu dem entscheidenden Schritt, in dem wir sagen: Kaspar Hauser ist selbstverständlich der Erbprinz, aber er ist nicht identisch!

Und somit ergibt sich folgendes Bild: Im Übergang des 18. zum 19. Jahrhundert, als die neuen Geistesstreiter sich alle wie vereinbart in Mitteleuropa inkarniert hatten, da schickt sich eine hohe, aber doch menschliche Wesenheit an, sich ebenfalls zu inkarnieren, um all die gegebene Geistesqualität in das Sozial-Politische gießen zu können. Ja, dies ist eines erlauchten Menschen Maß! Diese Wesenheit aber weiß um die enorme Gefahr ihrer Inkarnation, und doch nimmt sie diese Gefahr auf sich, so wichtig ist es, dass sie sich inkarniert. Sie weiß, dass die Gegenkräfte in der Lage sind, sie okkult ausfindig machen zu können, denn diese Individualität ist ein Meister des esoterischen Christentums!

Ja, wichtig ist, Rudolf Steiners Aussage genau zu vernehmen. Er sagt, dass Kaspar Hauser ein versprengter Atlantier ist. Er sagt nicht, dass der Erbprinz ein versprengter Atlantier ist!

Am 29. September 1812 inkarniert sich also in Karlsruhe ein Meister des esoterischen Christentums, um durch seine Wirksamkeit das künftige Christentum, das sich im Pfingstfest ausdrückt, zu impulsieren. Als er dann aber tatsächlich okkult gefangen genommen wird, droht Höchstes verloren zu gehen. Und dies ist der Moment, in dem nun die Geistige Welt aus Liebe zu dem Menschen reagieren will, reagieren muss. Sie muss reagieren, sie kann aber auch reagieren, in dem sich nun in das eingekerkerte Kind eine höher hierarchische, eine übermenschliche Wesenheit hinein senkt. Und sie wird es sein, die das Band zwischen der Geistigen Welt und der Erde aufrecht zu erhalten vermag. Denn das ist ein Vermögen, das jenseits eines Menschen Maß liegt!

Nun ist auch zu verstehen, warum ich immer wieder auf das «Prinzip der spirituellen Ökonomie im Zusammenhang mit Wiederverkörperungsfragen» hinweise. Denn hierbei beschreibt Rudolf Steiner ja, wie der höchste Avatar, der

Christus, eines äußerst erlauchten Menschen bedurfte, gleich einer auserkorenen «Schale», um sich in ihn hinein senken zu können. In seinem Falle war es der über drei mal 14 Generationen vorbereitete Jesus, wie wir es aus dem Matthäus-Evangelium erfahren!

In dem okkult eingekerkerten Meister des esoterischen Christentums, dem Erbprinzen aus Karlsruhe, liegt nun aber ebenfalls eine äußerst erhabene «Schale» vor, die befähigt ist, eine höher hierarchische Wesenheit aufnehmen zu können. Und solch einen Vorgang, das sagt Rudolf Steiner in jenen Vorträgen, «können wir bis in die neueste Zeit herauf verfolgen.» Christus ist der höchste aller Avatare, aber das Hineinsenken einer Avatarwesenheit in einen dafür befähigten Menschen, das ereignet sich durchaus immer wieder. Wo aber, wenn eben nicht auch genau in unserem Fall! Nur, dass hier der große Unterschied vorliegt, dass die übermenschliche Wesenheit nicht von langer Hand aus der Geistigen Welt heraus geplant war, sondern es eine unmittelbare, akute Notlösung zu finden galt, in dem eine an sich weit in der Vergangenheit tätige Wesenheit wie einberufen wurde, um die Not zu wenden. Daher der Begriff «versprengt». Denn Kaspar Hauser war an sich unzeitgemäß, das konnten die Augenzeugen erleben!

Und indem sich die Avatarwesenheit in den Erbprinzen hinein senkt, ereignet sich nun ein ähnlicher Wesensgliedaustausch, wie wir ihn beispielsweise kennen durch die Beschreibungen dessen, was bei der Jordantaufe geschah, als der Christus begann, sich in den Jesus hinein zu senken. Das ICH des Erbprinzen stirbt hinaus und die unteren Wesensglieder werden zum Träger der übermenschlichen Wesenheit. Und zu Pfingsten 1828 wird sie in Nürnberg geboren und trägt den Namen Kaspar Hauser. Diese Wesenheit ist in ihrem ICH nicht mehr der Erbprinz, daher kann Kaspar Hauser auch sagen, dass er nie Kind gewesen ist und tatsächlich erst zu Nürnberg auf die Welt kam. Und daher kann auch die Genanalyse keine völlige Deckungsgleichheit aufweisen!

Mit anderen Worten: In Kaspar Hauser trägt ein menschlicher Eingeweihter, der Erbprinz, einen übermenschlichen Eingeweihten, gleich einem Pferd, das seinen Reiter trägt.

Und so verstehen wir auch, dass Kaspar Hauser einigen Menschen gleich einem Engel erschien, ohne dass wir aber einfach sagen können, er sei ein Engel gewesen. Er ist eben doch auch Mensch!

Etwas von diesem Mysterium zeigt sich auch in dem besonderen Namen, der nie wieder von Kaspar Hauser weichen sollte, das *Kind Europas*. Was drückt sich denn in diesem Namen aus? Wir kennen aus der griechischen Mythologie tatsächlich jene phönizische Prinzessin namens Europa. Sie wird, das erzählen die Mythologien, von Zeus entführt, der mit ihr drei Kinder zeugt, das älteste und bekannteste ist Minos. Was aber sind diese drei Kinder? Ein jedes ist Kind Europas. Mythologisch werden diese Kinder aber genannt «Halbgötter», da die Mutter aus der Hierarchie der Menschen stammt, der Vater aber aus der des Göttlichen. Und so ist eben auch Kaspar Hauser das, was die alten Griechen einen Halbgott nennen würden, so seltsam dies klingen mag, da er sowohl Mensch als auch höher hierarchisches Wesen ist!

Und dieses Wesen nun lebt in aller parzivalesker Unschuld in Nürnberg und Ansbach und verbindet sich, als Krönung seines kurzen Erdendaseins, zutiefst mit dem Christus. Er kannte diese Wesenheit, gewiss, aber nicht vom Standpunkte der Erde aus. Er kannte sie noch aus ganz anderen Zeiten, den atlantischen, als es noch in ferner Zukunft lag, dass der Christus tatsächlich einmal die Sonne als seinen Wohnsitz verlassen würde, um sich mit der Erde zu verbinden. Und so verstehen wir die tiefe Erschütterung Kaspar Hausers, als er erstmalig, tatsächlich erstmalig, die Passion Christi vom Standpunkte der Erde aus nachempfand! Und indem er das Christus-Jesus-Ich dadurch einverleibt bekommt, stärkt er wiederum den Christus-Impuls auf Erden und hält somit den Parzivalweg für einen jeden aufrecht, sodass der Mensch weiterhin durch sein freies ICH an seinen höheren Wesensgliedern arbeiten kann, um somit stufenweise – «gradalis», aufzusteigen, bis hin zum Geistesmenschen in ferner Zukunft.

Liebe Freunde!

Nun sind wir einen entscheidenden Schritt weitergekommen in der Erkenntnis um Kaspar Hauser. Die nächsten Schritte führen dann zu der Frage, wer aber nun ist jener Meister des Esoterischen Christentums, der sich 1812 in Karlsruhe inkarnierte, wer aber auch ist jenes höher hierarchische Wesen und, insbesondere, aus welcher Hierarchie kommt es? Das aber würde für heute bereits zu weit vorausgreifen. Daher freue ich mich, so wir uns zu gegebener Zeit wieder einmal sehen können, um an diesem Punkt weiterzuarbeiten.

Für heute sei nochmals gesagt: Der Erbprinz hätte die Gralsburg bilden können. Da dies verhindert werden konnte, musste Kaspar Hauser den Parzivalweg aufrechterhalten. Er wird 1828 in Nürnberg geboren. 33 Jahre danach aber wird dann jene hohe Individualität geboren, die durch Kaspar Hausers Opfer die «Wissenschaft vom Gral» auf die Erde bringen konnte, Rudolf Steiner!

Ich danke Ihnen von ganzem Herzen für Ihre Aufmerksamkeit!

NACHKLANG

Nehmen wir an …

Nehmen wir an,
es stünde wieder einmal schlecht um den Menschen
und es gäbe daher eine Zusammenkunft
der Geistigen Mächte,
um sich zu beraten, wie dem Menschen zu helfen sei.

Und nehmen wir an,
die Göttliche Weisheit käme dabei
erneut zu dem Entschluss,
eine Wesenheit aus den Höheren Reichen
zu den Menschen hinunter zu senden,
um Rettendes zu bewirken.

Und, nehmen wir dann noch an,
der Ratschluss fiele dabei auf eine Wesenheit,
die aus dem Alttestamentarischen,
aus einer frühen Zeit des noch Mythologischen käme.

Und diese würde mitten hinein gestellt werden in unsere Zeit.
Wie würde sie sich gebärden?

Und, würden wir sie wahrnehmen können,
als die, die sie ist, und erkennen?

LITERATUR UND QUELLENTEXTE

Eckart Böhmer: «… aber dass es den Winter nicht selber friert», Info-3 Verlag, Frankfurt am Main 2018.

Georg Friedrich Daumer, Anselm Ritter von Feuerbach: Kaspar Hauser, Eichborn Verlag, Frankfurt am Main 1995.

Wolfram von Eschenbach: Parzival, eine Auswahl, Philipp Reclam jun., Stuttgart 1999

Anselm Ritter von Feuerbach: Kaspar Hauser oder Beispiel eines Verbrechens am Seelenleben des Menschen, Waldkircher Verlag 1994.

Platon: Der Staat, Philipp Reclam jun., Stuttgart 2004.

Rudolf Steiner: Das Prinzip der Spirituellen Ökonomie im Zusammenhang mit Wiederverkörperungsfragen. Rudolf Steiner Verlag, Dornach 2000. (GA 109)

Peter Tradowsky: Kaspar Hauser oder das Ringen um den Geist. Philosophisch-Anthroposophischer Verlag, Dornach 1980.

Webseite des Kaspar Hauser Forschungskreises:
www.kaspar-hauser.net

ECKART BÖHMER

... aber dass es den Winter nicht selber friert

Literarisches und Vorträge zu Kaspar Hauser

162 Seiten, Klappenbroschur, € 18,00

ISBN 978-3-95779-061-3

Dieses Werk versammelt literarische Arbeiten und Vorträge von Eckart Böhmer zu Kaspar Hauser aus den Jahren 2012 bis 2017 und bildet den ersten Band der Schriften aus dem Kaspar Hauser Forschungskreis. Unter anderem sind hier zwei Vorträge (in deutscher Fassung) abgedruckt, die 2017 im Rahmen eines Kaspar Hauser Festivals in Copake, New York State, gehalten wurden.

Inhalt:

Kaspar Hauser – Das Kind Europas. Eine Zusammenschau

Tote wissen mehr. Ein Theaterstück

Der versiegelte Ofen. Ein Märchen

Des Volkes Geist. Gedicht

Zwei Vorträge:

Die unerfüllte Mission des Erbprinzen

Die erfüllte Mission Kaspar Hausers

www.info3-verlag.de

ECKART BÖHMER

Kaspar Hauser und die Apokalypse des Johannes

Zwei Vorträge

72 Seiten, Klappenbroschur, € 10,90

ISBN 978-3-95779-164-1

Eckart Böhmer schlägt mit seinem letzten Buch einen weiten Bogen von der rätselhaften Gestalt des Kaspar Hauser zu historischen und zeitgeschichtlichen Ereignissen. Der Anregung Rudolf Steiners folgend nimmt er Bezug zu der Apokalypse des Johannes. Wie Johannes kann auch Kaspar Hauser als ein maßgeblicher Diener des Christus verstanden werden, der einen wesentlichen Beitrag sowohl zur heutigen als auch zur zukünftigen Kultur gegeben hat.

«Durch die Zeichen der Zeit war der Moment gekommen, meine Studien über Kaspar Hauser im Kontext der Johannes-Apokalypse weiter zu führen und ab 2020 über diese Thematik in vielen Städten Deutschlands und der Schweiz zu referieren. Die beiden hier abgedruckten Vorträge sind Transskriptionen der im April 2022 an der Ostküste Amerikas gehaltenen Vorträge, die anlässlich des dortigen dritten Kaspar-Hauser-Festivals stattfanden.» *(Aus dem Vorwort)*

www.info3-verlag.de

ECKART BÖHMER

Kaspar Hauser und die Frage ward Fleisch

Literarische Arbeiten zu dem Kind Europas

136 Seiten, Klappenbroschur

ISBN 978-3-95779-041-5, € 12,80

Seit der Aussetzung des «Kindes von Europa» war das literarische Wort ein gern gegangener Weg, sich dem sprachlos machenden Ereignis künstlerisch zu nähern. Dieses Werk, ein literarisches Kleinod, ist ein Spiegel der bereits dreißig Jahre währenden Arbeit Eckart Böhmers zu Kaspar Hauser und bildet gemeinsam mit seiner Intendanz der von ihm ins Leben gerufenen Kaspar-Hauser-Festspiele und seiner intensiven Vortragstätigkeit einen faszinierenden Dreiklang.

Inhalt:

Ich nit Mensch, Ich Kaspar (Gedichtzyklus) · Feuerbach oder Beispiel eines Verbrechens an der Bewusstseinsseele des Menschen (Theaterstück) · Stanhopea occulta (Theaterstück) · Der Engel mit dem Schlüssel zum Abgrund (Erzählung) · Der Schatzhüter (Erzählung) · Grenzerfahrung (Kurzgeschichte) · An Kaspar Hauser (Ode) · Geistige Identität (Sinnspruch) · Brot und Wein (Sinnspruch)

www.info3-verlag.de

Info3 Verlag

Kirchgartenstr. 1, 60439 Frankfurt, Tel. 069-58 46 47
vertrieb@info3.de, www.info3.de

Karl König Institut

Berlin · Aberdeen, Scotland · Glenmoore, Pennsylvania/USA
Weitere Informationen: www.karlkoeniginstitute.org
Anfragen: office@karlkoeniginstitute.org